维观北京

Beijing: X-Dimension X-Vision

程晓青 刘畅 钟舸 王辉 苏程 著

清華大学出版社
北 京

图书在版编目（CIP）数据

维观北京 / 程晓青等著. — 北京：清华大学出版社，2020.9
ISBN 978-7-302-54546-0

Ⅰ. ①维… Ⅱ. ①程… Ⅲ. ①城市发展战略—研究—北京 Ⅳ. ①F299.271

中国版本图书馆CIP数据核字（2019）第290342号

责任编辑：张占奎
封面设计：肖东立
责任校对：赵丽敏
责任印制：杨 艳

出版发行：清华大学出版社
网 址：http://www.tup.com.cn, http://www.wqbook.com
地 址：北京清华大学学研大厦A座 邮 编：100084
社 总 机：010-62770175 邮 购：010-62786544
投稿与读者服务：010-62776969, c-service@tup.tsinghua.edu cn
质量反馈：010-62772015, zhiliang@tup.tsinghua.edu.cn
印 装 者：小森印刷（北京）有限公司
经 销：全国新华书店
开 本：185mm × 260mm 印 张：13 字 数：276千字
版 次：2020年9月第1版 印 次：2020年9月第1次印刷
定 价：88.00元

产品编号：085075-01

自序 | 维观与围观

| 程晓青

这是一部记录思考与实践的著作。

源于与北京的血脉情缘

70多年前，梁思成先生结束抗战期间的颠沛流离，返回北京，创办清华大学建筑系，自此奠定了清华建筑与北京难以割舍的缘分。对北京的关注融入每一位清华建筑人的血脉，他们在历史关头为完整保护北京旧城大声疾呼，在快速建设中为探索城市发展与历史保护积极努力。

凝练对城市发展的思考

北京作为古都和历史名城，是中国古代城建思想的完美诠释，历史积淀下的传统建筑和空间格局具有代表性；北京作为政治和文化中心，发展转变中的城市环境和社会生活又具有典型性，保护城市特色与改善生活环境是伴生于北京发展中的一对深刻矛盾，多年来，清华建筑人在此领域进行了大量的探索。本书以“北京”为题，正是根植于这种深厚的学术积淀，致力于回应城市发展的迫切需求。

呈现多维度的研究探索

城市是人类文明的集大成者，蕴含着丰富的自然科学和社会科学发展信息，因此无法用单一学科进行研究。本书以“维观”为题，呈现了对北京的多学科、多层次和多元化的探索，试图打开城市研究的崭新视角，从时间到空间、从宏观到微观、从建筑到社会、从传统到现代……揭示建筑空间背后的文化脉络。

为城市更新与保护发声

“维观北京”虽然汇聚了多维度的学术成果，但是却基于相同的思想共识——为城市更新与保护发声，走出学术殿堂，开展国民教育，让更多的市民理解和参与到城市的健康发展中，这是清华建筑人责无旁贷的历史使命。

记录社会的反馈与围观

2018年9月北京国际设计周期间，清华大学建筑学院在白塔寺头条1号举办“维观北京”展览，展示北京城市更新与保护领域的教学、科研和实践成果，希望以此促进全社会的广泛关注和参与。本书不仅全程记录了此次活动的组织工作，还收录了各届参与者的“围观”感言和反馈。看到居民们，特别是孩子们积极参与到活动中来，用朴素的语言和行动表达对生活的美好向往，令人非常欣慰。希望“维观北京”的探索可以潜移默化地影响孩子们的将来，也会长远地影响北京的未来。

为了我们共同珍爱的家园！

2020年6月于清华园

0

第 1 维

第 2 维

第 3 维

维观
北京
清华大学建筑与城市更新
感谢规划学、建筑学、室内设计、建筑历史等专业的融合相生
于是我们不仅“维观”北京的体型
而且“维观”北京的肌理和材质
“维观”那些经受了风雨的群体、单体、片段和样本
时代，将会如饕餮般吞噬一切养分
还是会同衔尾蛇一样咀嚼自身缓慢演化
在“维观”的棱镜里，饕餮和衔尾蛇莫非已经面目全非
今天的我们还只是借助“维观”辩日的小儿
喧哗鼓吹、草率臧否漫天地悬浮，或许正是我们心中的雾霾
维观论道，权且当作沉淀剂吧，但愿成为我们从容心境的良方
清华大学建筑学院 2018年9月

引子 | 维观北京

| 刘畅

感谢人造卫星、无人机、摄像机，还有显微镜
使我们不仅可以围观
而且能够开始“维观北京”
——可以用千米、米，乃至微米和纳米来度量北京

感谢城乡规划、建筑设计、室内设计、建筑历史等专业的融合相生
于是我们不仅“维观”北京的体型
而且“维观”北京的肌理和材质
——“维观”那些经受了风雨的群体、单体、片段和样本

时代，将会如饕餮般吞噬一切养分
还是会同衔尾蛇一样咀嚼自身缓慢演化
在“维观”的棱镜里，饕餮和衔尾蛇已经面目全非
——今天的我们还只是借助“维观”辩日的小儿

喧哗鼓吹、草率臧否漫天地悬浮，或许正是我们心中的雾霾
维观论道，权且当作沉淀剂吧，但愿成为我们从容心境的良方

2019 年 9 月于清华园

第1维

尺度维观

第 1 维 | 思考发现

KM

| 千米北京 |

北京老城是中国营城史的鸿篇巨制

中轴线长安街与四重城垣建构了独特的结构特征

皇家典章礼仪与民间胡同四合院肌理组织起传统的空间形态

城市在未完成的近代化中找寻现代性

在保护和创造中实现整体和平衡

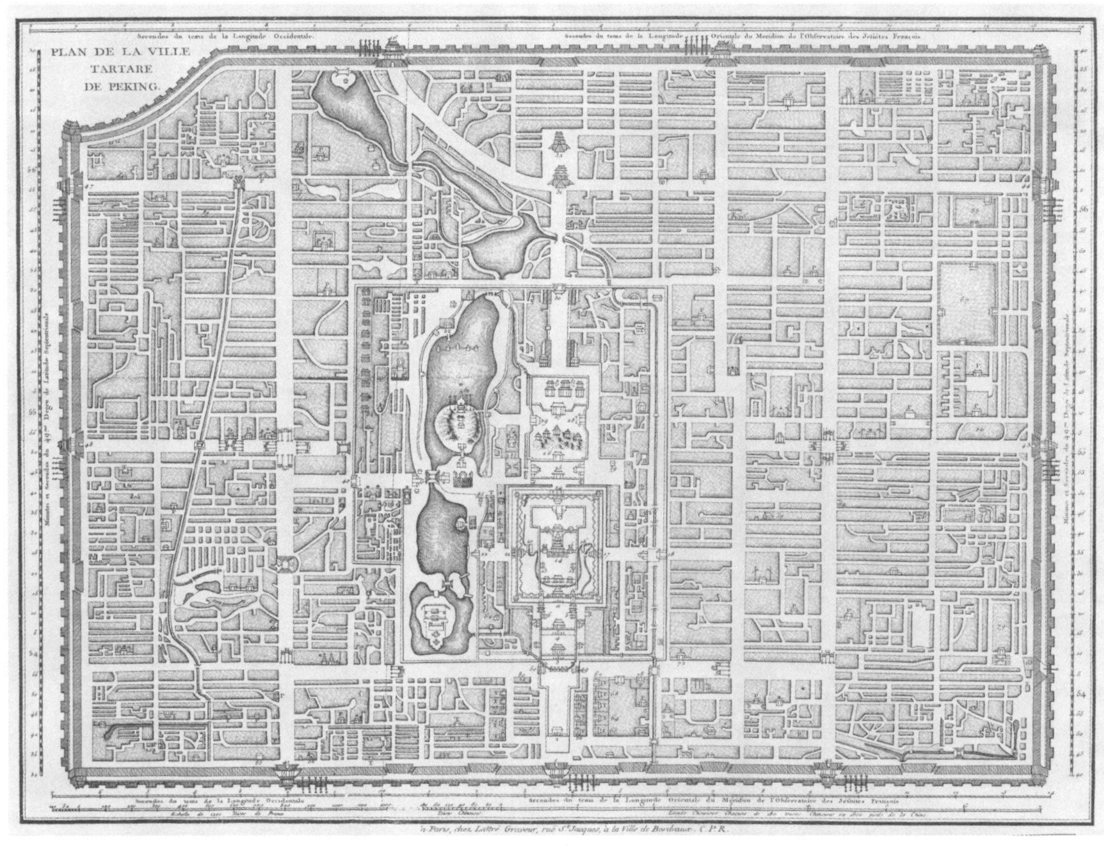

北京满城图　1765

资料来源：哈佛大学图书馆， Plan de la Ville Tartare de PEKING

历经千年的城市演变

| 钟舸

北京是“都市计划的无比杰作”（梁思成），是中国都城营建思想的具体体现，是中国历代都城建设的“最后结晶和城市设计思想的光辉宝库”（吴良镛）。回溯到《周礼·考工记》“匠人营国”的中国传统营城理念萌芽，历经魏邺、汉唐长安和两宋京城的演变，在元明清时代迎来了其发展的顶峰，中国传统文化的各个方面，特别是城市营建思想在北京城得到了全面和清晰的表现。

这里有作为营城礼制的核心要素——中轴线，南起永定门，北至钟鼓楼的7.8千米传统城市中轴线，不仅形成了北京老城东西基本对称的形态格局，更与从宫殿、衙署、庙宇到民间四合院建筑的中轴线格局，共同构成了贯穿建筑和城市，覆盖空间形态和思想理念的基本空间模式语言，成为今天北京千年都城的城市脊梁和城市规划的灵魂；这里有横贯东西的长安街轴线，见证了北京城从封建帝都迈向现代城市的全过程，见证了共和国的诞生和每一件具有重大历史意义的“国之大事”，作为首都政务轴串联起首都核心功能的中央政务、国事外交、文化交流等重要功能板块，成为大国首都庄严厚重的政权象征和时代形象；这里有以紫禁城为核心，宫城、皇城、内城、外城四重城廓构成的中国典型都城城市格局，其中内外城形成的凸字形态构成了北京老城的基本形态特征，成为城市保护的主要空间要素和控制性边界，城门及它们的名称则成为重要的城市地标和城市记忆；这里还有“九坛八庙”的皇家坛庙典章礼仪格局，有“六海水系”为中轴线带来的灵动格局形态，有建筑高度、色彩、形制严格的等级秩序，有隐藏与建筑和城市形态内部的模数基因，更有让文人墨客无数次描绘的具有家园文化韵味的四合院生活。

但北京城的整体空间形态和传统风貌在进入城市的近代化进程后，伴随着国家的衰落和战乱，伴随着富于争议的现代化进程，伴随着经济的高速发展与改造步伐方式的不适应，遭到了严重破坏。由于缺乏相对稳定、和平和良性的近代化过程，前门和“香厂新市区”并未走完其近代化的探索历程，建立在木构建筑体系基础上的传统城市，在经历了一轮又一轮的战乱和动荡中迎来了工业化和现代化的浪潮，更在“旧城改造”的语境下，迎来了建立在现代钢筋混凝土建造体系上的现代主义城市建设。

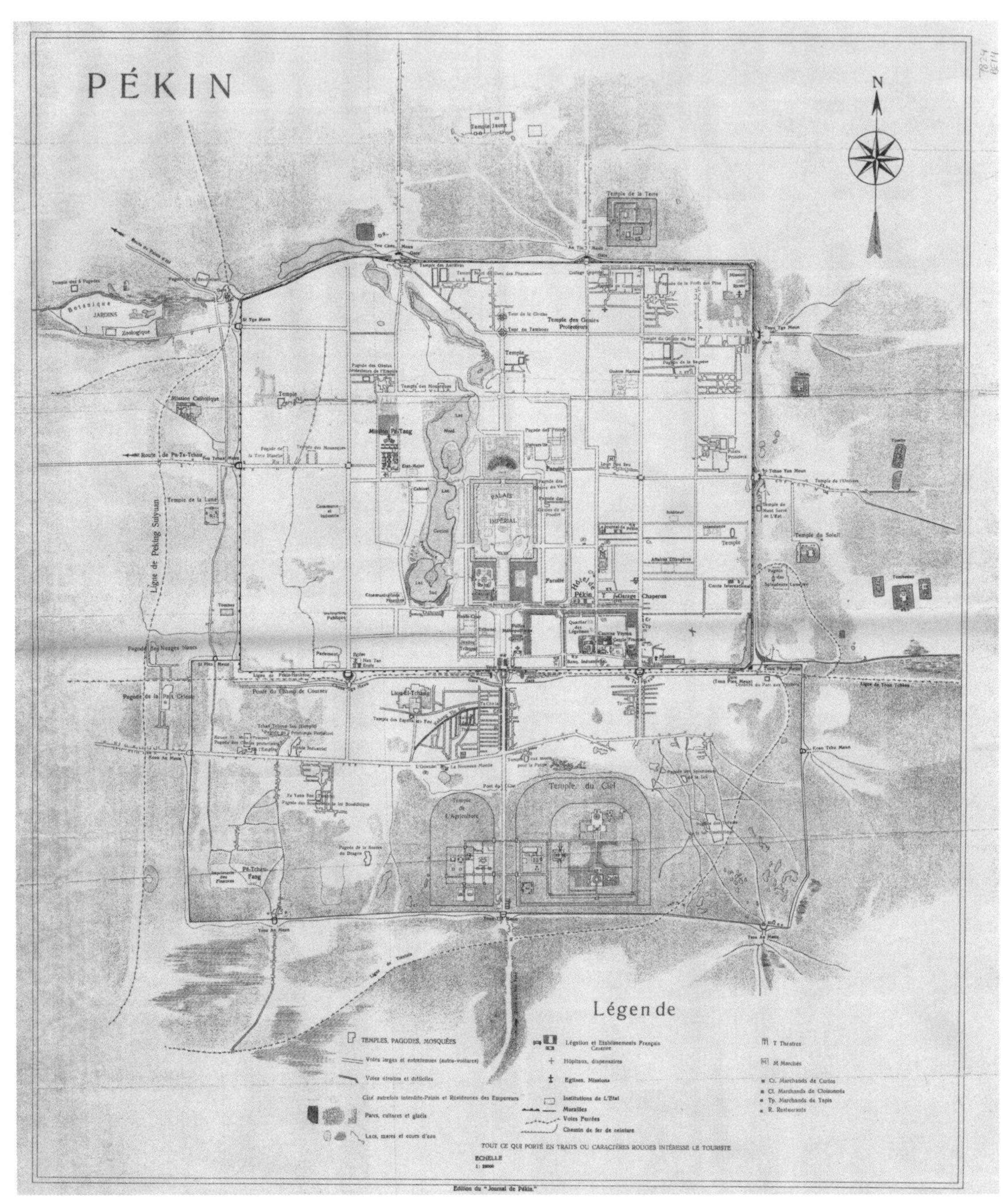

北京城区图 1900

资料来源：哈佛大学图书馆，Edition du “Journal de PEKIN”

北京老城城市形态原貌和内在价值的再认识

从哈佛大学图书馆找到的1900年北京城区图，并不像同一时期的城区图表达了所有街巷和胡同，而是重点表达体现城市整体格局的空间要素和重要的城市公共功能和公共空间，所以与几十年后埃德蒙·培根的城市设计图示表达方式高度一致。

地图中重点表达了界定城市整体形态结构的城墙城门，以及从永定门向北的一系列皇家宫殿坛庙和地标性建筑，如天桥、正阳门桥、大清门、金水河、故宫、景山、万宁桥（后门桥）、钟鼓楼，甚至通过两侧商店建筑的强化，从珠市口到正阳门的前门大街呈现强烈的街墙线概念。作为当时的最大商业区，前门大栅栏地区也通过较为细致的街巷格局和加深表达的大栅栏街—观音寺街商业主街，记录了整体商业街区格局；西四南北大街以西片区在整体弱化表达的同时，将阜成门、西四牌楼和西什库教堂三个标志性景观，以及沿阜成门内大街的两个重要公共建筑——白塔寺和历代帝王庙进行了详细表达，同时将今天赵登禹路—太平桥大街的原有河道桥梁格局也进行了表达，对于今天从城市设计角度对阜成门内大街重要空间要素的认知具有重要的参考意义。

地图中对于平安里—护国寺片区、京师大学堂—隆福寺片区、雍和宫—国子监片区的详细表达，对于认识这些重要公共中心的形成机制、保护方向及未来发展演变都具有重要意义。

北京城 1951 年航拍影像

资料来源：王飞 摄

北京老城 2000 年后破坏和演变的形态学认知

北平和平解放避免了古都遭受战火破坏。1951 年的航拍影像展现了中华人民共和国成立之初首都北京的完整古都风貌，其中的城市格局、城池形态、街巷网络和建筑肌理都成为后来发展演变的基础，并成为今天名城保护与城市更新的重要参考依据。

航拍影像告诉我们：当年皇帝出城前往城外地坛、日坛、月坛的祭祀通道，以及坛墙向城门延伸形成的夹道和坛门，其中月坛夹道和大门仍完整保留；外城南半部历经数百年仍然是未形成街巷胡同格局的淀泊郊野风光，龙潭湖水面和左安门内大街如何在自然水域和自然形成的斜路上形成；陆军总医院和几个皇家仓库在一大片规整的胡同四合院肌理中鹤立鸡群地存在；右安门内的京师模范监狱以望楼为核心的扇形布局，蕴含的基于功能要求的现代设计……

针对当前国家层面城市建设和相关学术领域对城市设计、城市更新重视程度的大幅提升，以“生态修复・城市修补”为命题的城市“双修”热点问题的提出，以及当前建筑类本硕学生专业教育中设计主干课程的相关问题思考，从 2006 年开始清华大学建筑学院以北京二环内历史城市肌理与现代城市建设空间形态交接、过渡和冲突的 12 个片区为地段，进行的以“城市修补”为题目，以城市形态学的理念、方法为基础，以城市形态历史演变、空间演变内在机制探索、多层次空间认知建构为教学要素，侧重物质空间形态的认知、解读、表达和设计的城市设计专题训练。

2000 年，北京二十五片历史文化保护区（后统称历史文化街区，以下简称历史街区）保护规划划定了明确的保护范围。随着社会经济的高速发展和城市建设步伐的不断加快，二十五片历史文化保护区以外的历史城市形态在短短的几年时间里迅速消亡，这些地区包括：二龙路—太平桥大街以西片区、阜成门内历史街区以南的金融街北扩地区、什刹海以西的新街口片区、宣武门东南的琉璃厂以西片区、西绒线胡同以南片区、东二环以里的海运仓—禄米仓片区等。同学们在历年卫星遥感图上完成的街巷胡同和建筑肌理图让这一形态演变过程清晰起来，从而形成了不同的形态修补目标和策略。

城市形态演变研究

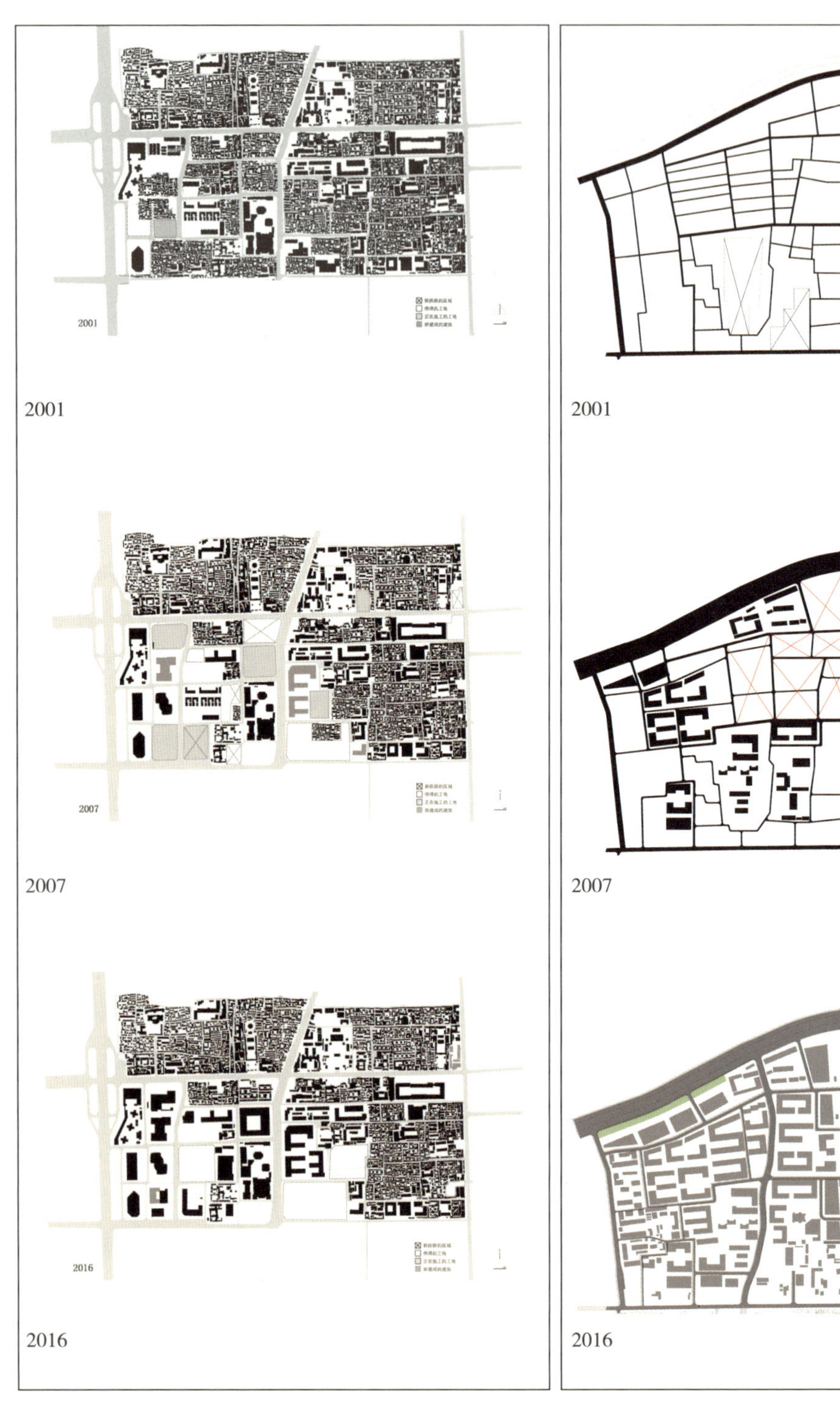

阜成门片区历史演变

研究制图 | 唐其桢 盛景超 文汉强，2016

新街口—豁口片区历史演变

研究制图 | 周融 曹蕾 沈一琛，2016

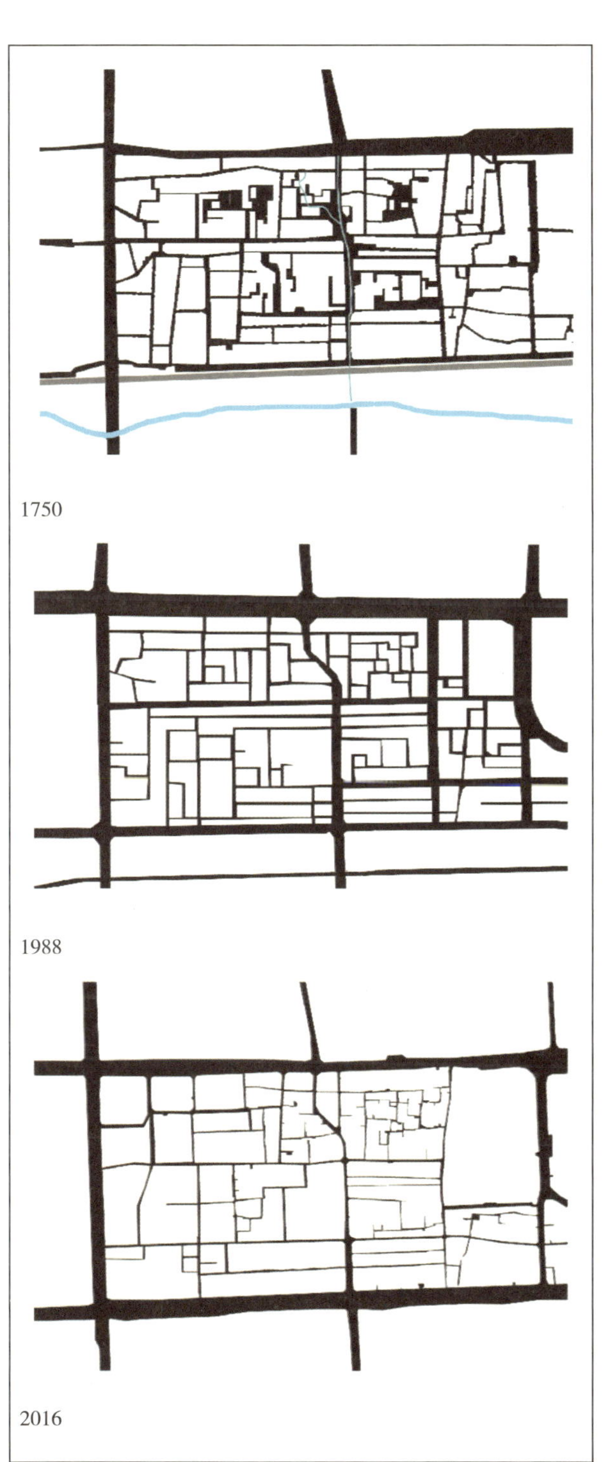

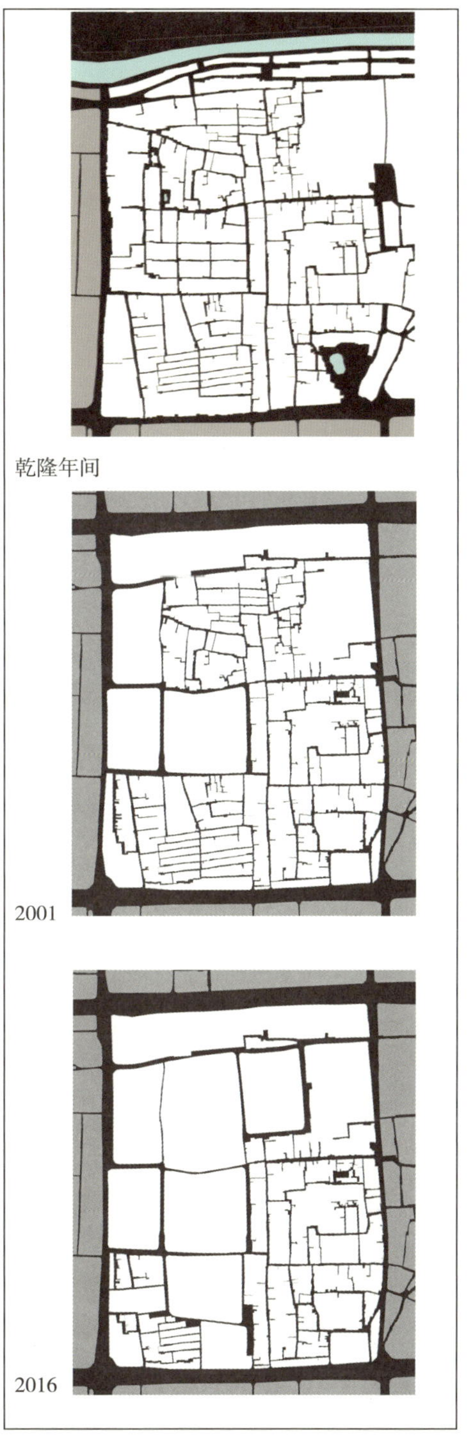

西单东南—西绒线胡同片区历史演变

研究制图 | 陈晓眉 王修齐，2017

宣武门东南—西琉璃厂片区历史演变

研究制图 | 张泽菲 丁月文，2017

| 壹米北京 |

招呼卖豆汁儿的小商贩
然后攥着副食本排队买饺子馅
明天早上七点还要挤地铁去同仁医院体检
这些老北京人的生活已经占不到新北京生活的一半
北京，在新来者眼中是办公楼、小区和公园
梦想和现实之间的门槛，叫安家
一个用米来度量的家

图片来源：赵幸

城市演进中的社会生态

| 程晓青

曾经看过一部电影《贫民窟的百万富翁》，其中的一组镜头深深地打动了我：在电影开篇，孩子们被警察追逐，奔跑于孟买低矮破旧的“棚户区”之中，虽然空间拥挤不堪、垃圾遍布、污水横流，但是在电影视角中却显得光影摇曳、趣味横生，充满惊奇与神秘，宛如孩子们的乐园。

还有一部曾经风靡一时的京味电视剧《贫嘴张大民的幸福生活》，讲述一个老北京家庭历经改革开放和城市快速发展过程中生活的变迁，剧中很多场景都围绕其居住的四合院展开，随着子女长大、各自成家，家里本就狭小拥挤的两间平房实在难以维系人的尊严，于是大家就开始巧妙地发掘和创造空间，从悬挂在天花板上的电视机，到包围着一棵树的自建房，人的智慧似乎发挥到了极致。

两个故事都有些苦中作乐的意味，带来欢笑的同时却又刺痛着人心，虽然它们分别发生在印度和中国，却都描述着一个共同的沉重话题——表面光鲜的现代城市发展中那些被忽视的角落和人群。

身为建筑人，经历了中国城镇化瞬息万变的黄金发展阶段，也参与了不少城市改造项目，拆除“城中村”，改造“棚户区”，规划符合现代生活理念的居住区……每每享受作品成就感的同时，内心也有着一丝的不安。那些作为现状被轻松拆除的老街坊、旧建筑，一旦失去，不仅割裂了沉淀多年的历史脉络，还打破了许多人赖以依存的社会生态。同样，参与新农村建设，访问城镇化典范项目，在引导员热情解读规划良好、设施完备之新社区的同时，走访入户，看到的另一幕却是勉强塞入现代住宅的破旧家什和闲置农具，以及老人们凝视窗外陌生的高楼大厦时无望的眼神。这种无望不仅仅源于失去了经营一生的土地，同样源于失去了生存环境的归属感。

无论是老街坊还是旧建筑，虽然看似与现代生活格格不入，但是它们代表的并不只是一种空间存在，更为重要的是其深层的社会意义。依存于其中的芸芸众生是构建城市生活不可或缺的组成部分，而历史积淀下来的空间形态则往往不能被简单划一的现代规划设计所取代。因此，保持城市演进中的社会生态平衡是每个处于城镇化进程中的国家都绕不开的一个门槛。

城市可以是这样的……

繁华的 商业化的 快节奏的 雄伟的 气势恢宏

高楼大厦 车水马龙 灯火辉煌 纸醉金

雄伟的 高大上的 拔地而起 高效的 神色匆匆

热闹非凡 与日俱进的 灯红酒绿 朝气蓬

欣欣向荣 安居乐业 瞬息万变 日新月

高楼林立 蒸蒸日上 鳞次栉比 突飞猛进

图片来源：张华西　摄

图片来源：张华西　摄

城市也可以是这样的……

烟火气的　有人情味的　市井的　柴米油盐的
宁静安详　生活化的　古色古香　怡然自得
悠闲自在的　慵懒的　可爱的　奔走呼号的
宽街窄巷的　万家灯火的　左邻右舍的　宁静安详
邻里街坊的　岁月静好的　和谐融洽　茶余饭后
家长里短的　嬉笑怒骂的　走街串巷的

城市是用来生活的……

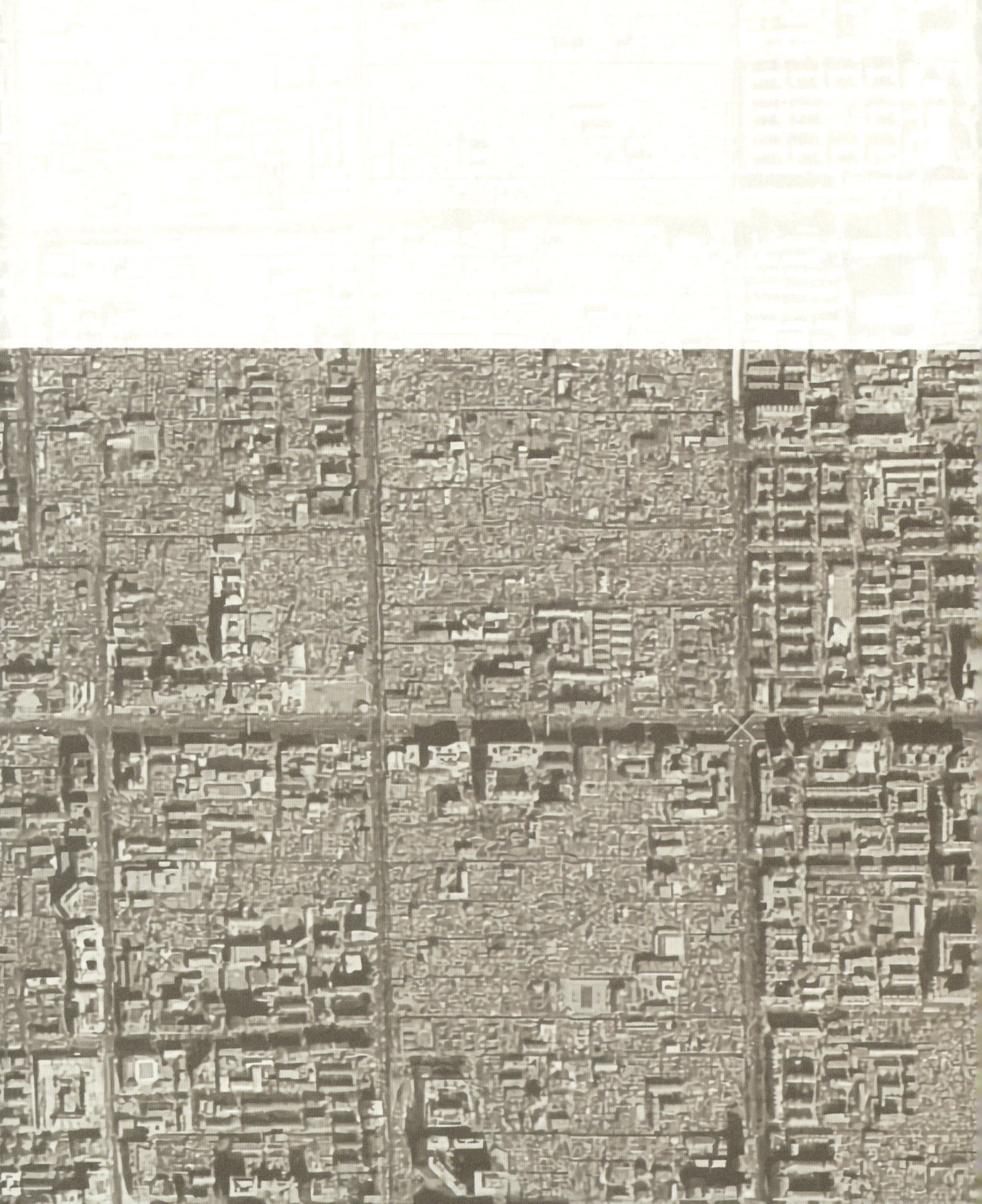

建筑的本源是什么

建筑的本源是什么？谁是城市真正的创造者，是建筑师吗？对于这个问题，身为建筑师并没有自信回答“是”。的确，民间的自发建设才是建筑的真正起源，而城市的创造者归根结底是人民。那些看似混乱的老街坊、旧建筑，其中似乎蕴含着某种天然的秩序——对于空间资源的最大化利用、接近极致的成本控制、利益制衡的乡约民俗，在一定程度上构成其发展的潜规则。在建筑学层面，丰富的民间智慧和巧思是在现代建筑学教育中难以获得的。

图片来源网络：www.google.cn/maps/ 北京

片来源：www.zhujiangnet.com

图片来源：www.blog.163.com

城市的本源是什么

追溯早期城市的起源，其实是人们根据生产关系逐渐聚集而成的，传统城市作为容纳形形色色人群和不同活动的载体，往往呈现出土地属性的模糊性和空间形态的混杂性等特征，形成鲜活丰富的独特魅力。

随着近现代城市的发展，建筑师在城市建设中发挥着越来越重要的作用，小至单体建筑、大至总体规划。然而，对比经过长期自然和历史积淀出来传统城市，单纯由建筑师所构建的理想城市在完成早期空间营造的伟大创举之后，往往会出现漫长而痛苦的社会营造过程，巴西利亚如此，曾经热闹非凡的卫星城建设亦如此。究其原因，在建筑师主观创造出来的现代城市中缺少了某种东西。

片来源：http://bbs.hlgnet.com

现代城市的困境

在现代主义城市规划思想的引导下，如果一味地将“科学”理念引入城市建设，城市功能被人为地简单划分，土地属性不再模糊，建筑严格地按照间距、退线、高度、形式甚至色彩进行控制，空间形态千篇一律，在实现健康生活美好初衷的同时，原本的城市特色丧失殆尽。这种现象在中国快速城镇化的发展过程中尤其突出，已经造成“千城一面”的严重后果。

随着城镇化向深化阶段发展，高速演进背后的隐忧也逐渐显现。居住建筑领域千篇一律的小区、高昂的房价扼杀了低收入阶层对于家的梦想；以汽车为尺度的城市布局大大增加了对于交通的依赖，生活似乎变成了永远在路上的苦难奔波。同样，社会结构的变化也令人担忧，随着老旧社区的拆迁，积淀多年的邻里关系网络破裂，这对于注重亲情的中国社会之影响是深远的。

反思引发上述现象的原因，在城市土地政策和住宅发展方面长期的单向式思维难辞其咎。过于纯粹的使用功能降低了土地的有效利用率，而单一的居住模式则在排斥不同阶层混合居住的同时抹杀了城市鲜活丰富的个性。

新
城
拆
城
改
拆

城市需要什么样的更新

经历着中国的快速城市化进程，身边的城市环境发生着日新月异的变化。早期城市建设在万丈高楼平地起的背后往往是大刀阔斧的拆迁，棚改、危改、土地腾退，这些强调发展的字眼汇聚成待拆片区内的一个个“拆”字，宣告了改造既有环境的决心。

由历史遗存的老旧建筑所构成的城市既有环境存在不少共性问题，例如：由于选用土地不宜建设、缺乏先期规划，普遍呈现出环境拥挤和交通不畅的特点；由于人口来源驳杂、流动性高，缺乏社区认同感，亟待构建社区文化；由于居民永不停歇的无组织自建，住房状况不佳，居住质量低下，安全和可持续性堪忧。对待这些问题，各国政府早期的态度大多比较一致，即采用大刀阔斧的拆除式改造，试图通过清除城市“疤痕”彻底解决社会问题。然而，随着此类改造的实施，往往带来了更多的城市问题，自发建筑非但没有被清除，反而此起彼伏，社会问题依旧，代价和隐患难以评估。

随着城市建设向深层发展，城市更新的理念也发生着悄然变化。新的拆迁条例的颁布与实施之后，政府执法日益透明，社会监督力度逐步加强，整体拆迁的难度越来越大。在这种新常态之下，引入城市更新新思维，正确认识城市既有环境的价值亟待更多建筑人的关注。近年来，国内外在此领域出现了一些以“点穴式”为特点的渐进改造思路，值得我们借鉴。“点穴式”改造基于对城市既有环境问题的深入分析和认识，强调以尊重使用者为前提，从主要矛盾入手，通过克服困难，改善环境，提高生活品质。

MARIN
HORNO DE CAL
LA TELEVISORA
LA CEIBA

典型案例 | 空中缆车系统

在中南美国家的不少城市，许多自发社区依山而建，交通疏导成为较大的问题。因此，改善交通条件成为许多自发社区改造的首要切入点。在实践中，对于自发社区交通体系的建立不能采用一般性的城市规划方法，反而往往衍生出一些独特的解决策略。麦德林把缆车系统引入自发社区，这一脱离于地面交通的通勤方式运力足、投资相对少、便于建造，极大地加强了山上社区和山下城市的联系，既可方便居民到城市中就业，又使外来人可以安全地“穿梭”于自发社区之间。此改造项目为麦德林打造了属于自身的建筑文化，平添了一张特别的城市名片，接地气地发展旅游业。

典型案例 | 见缝插针式活动场地

在密集而延绵不绝的自发建筑中植入以运动和文化为主体的公共活动空间，可以有效地丰富居民的生活，改善居民的生活品质，让居民从可以居住变成乐于居住。采用因山就势的方法，利用边角余地和建筑屋顶设置公共活动场地，在实践中还鼓励居民自发参与建设。

典型案例 | 垂直体育馆和社区图书馆

在自发社区中还有植入社区垂直体育馆和社区图书馆等公共建筑的诸多案例，为居民在有限的建设基地中营造丰富多元的活动形式，吸引了众多年轻人和孩子们积极参与。通过此类实践，不仅对于自发社区空间环境的改善有目共睹，而且对社会生态环境的改善也自在人心，对社区的认同感在公共空间的使用中自然而然地建立起来。

典型案例 | 五彩社区

始于2005年的里约热内卢“贫民窟上色计划”通过给外墙面涂上鲜亮的彩色，有效地增强了不同区域的识别性，丰富的建筑体块在五颜六色中脱颖而出，在阳光的照射下仿佛变为童话世界。涂鸦是很多中南美国家自发社区改造的方法之一，发挥人民的天才创造力，鼓励他们自觉主动地参与创造，居住其中的人每天都能感知色彩所带来的欢快，也会自觉爱惜这五彩灵动的家园。这些缤纷的色彩一方面是建筑立面的独特表达，另一方面也是社区文化的外在体现，对提高居民的认同感与凝聚力有着积极意义。

图片来源：www.favelapainting.com

传统四合院改造模式探索 | 白塔寺、什刹

多元共生更新模式探索 — 大栅栏

老旧小区环境整治提

城市更新 | 国内实践

典型案例 | 北京城市更新多元探索

近年来，在北京历史街区中掀起一轮新的胡同改造设计热潮，其中：既有关注胡同整体的如杨梅竹斜街；又有探索传统民居改造的如内合院和胡同泡泡；还有探索院落公共空间修复的，如微杂院、微胡同和四分院等。对院落空间的改变重组、对设施设备的提升改善、对居住方式的大胆转型，开拓出具有启发性的改造思路。这些积极的探索真实呈现了城市更新的复杂性和矛盾性，也引发我们进一步的思考。

但是，这些匠心独运的设计是否是居民真正想要的呢？

图片来源：news.163.com

北京旧城片区整体更新模式探索 | 菊儿胡同

自发渐进式更新模式探索 | 杨梅竹斜街

NM

| 纳米北京 |

怎么能用纳米量度北京呢

在此我们所关注的是北京的“样本”

从城市肌理到区域院落，再从建筑单体到遗迹片段

在我们开始人为干预之前或者在历史痕迹未被彻底扫荡之后

幸运的是我们常常还能找到堆积着丰富信息的“样本”

以纳米的视角观察“样本”中的层叠

让北京的基因序列留下证据

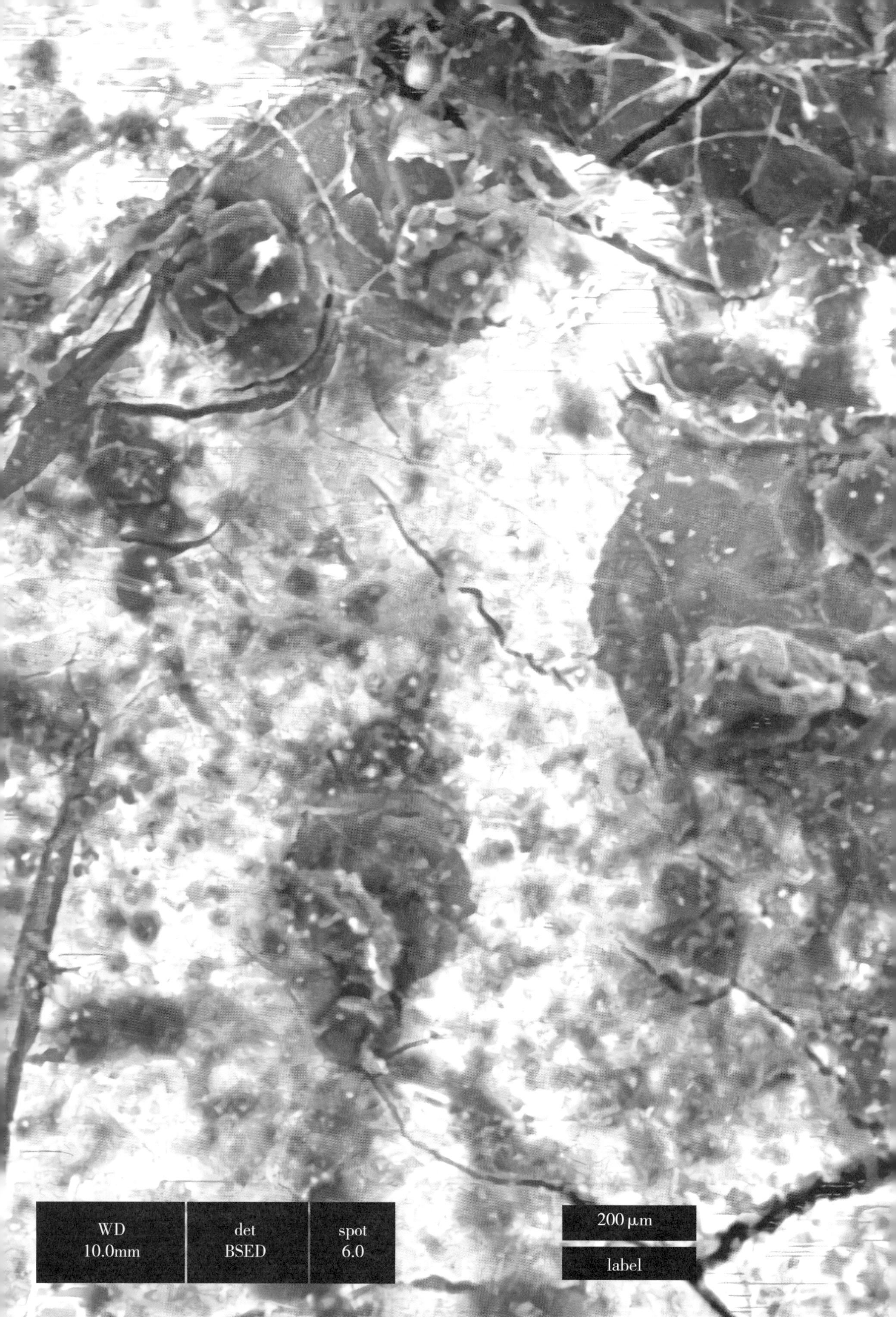
WD
10.0mm
det
BSED
spot
6.0
200 μm
label

历史遗存中的物质文化

| 刘畅

如果在北京故宫临溪亭彩画中，发现乾隆时期的重绘层里有青金石，那意味着什么？那将听到物质文化研究者的欢呼。

六千年来，产于阿富汗的青金石（Lapis lazuli）是一种稀有的宝石，其研磨所成的珍稀颜料源源输往异邦——史称“青金石之路”。在西方，青金石被用来绘制最神圣的宗教画；而在古代中国，青金石在克孜尔石窟与敦煌石窟的壁画中屡屡现身。之后的数百年，从元代到清初的中国，是青金石的漫长空白期；直到乾隆时期的紫禁城。

在所有明清文献中，“青金石”一词皆指作为宝石或装饰品的青金石；而乾隆元年《九卿议定物料价值》和无记年《户工部物料价值则例》中记载了身价斐然的蓝色颜料“紫艳青”——并不以斤而是以两计价，每两价值“银二钱一分八厘”；清代档案同时证实，乾隆二十九年之后，清宫库存青金石的数量急剧上升。

那是怎样的时代啊？这是怎样的时间轴和逻辑链呢？清代中期平定准噶尔部，实现对新疆及丝绸之路掌控的大历史，仿佛缩微在这一小片绢丝之上的彩画中。历史叙述事件，物质印证历史，科学确认物质，从纳米连缀到米，再到千米，串起历史的记忆，也串起我们所有感官对环境的认知。

临溪亭内檐天花彩画里的发现

慈宁宫花园临溪亭始建于明代万历年间，清代屡有重修，是花园南部的中心景观建筑。临溪亭内保存了相对完整的软天花及其彩画，历经明清两代多次修缮，保留了多个历史时期的彩绘层与重修痕迹。在近年的修缮揭裱过程中，对临溪亭软天花进行了样品采集和实验室分析。通过光学显微分析、X 射线衍射、扫描电子显微镜等多种分析手段，初步厘清了现存各彩绘层的历史分期，揭示了不同历史时期所使用的颜料种类及工艺做法特征，并首次在古代建筑彩画中发现了作为蓝色颜料的青金石。

临溪亭外观

临溪亭天花

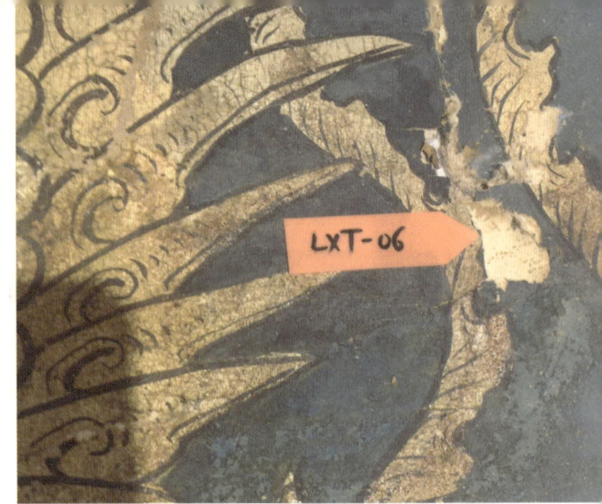

在不同颜色和位置上采集彩画样

彩绘表面的剥离过

故宫临溪亭室内软做藻井仰视图

背　板

八片“背板”内绘绿地泥金行龙，旋转奔腾，形态矫健。东、西、南、北四条“回首龙”，与其后行龙呼应，画面生动活泼。

斗八随瓣方

内绘青、绿、红、丹四色金琢墨攒退祥云。外围彩画：片金咕噜，金琢墨攒退燕尾云，绿支条，片金把子草岔角，鲜花天花。圆光内绘白玉兰、海棠、牡丹，寓意“玉堂富贵”。

阳　马

八条“阳马”内绘二青地勾填灵芝及西番莲。

角　婵

四角均绘二青地泥金凤穿牡丹，凤头朝向中心盘龙，呈众星捧月之势。

明　镜

青地沥粉贴金巨型盘龙，坐北朝南。此龙盘曲蜿蜒，雄健奇绝，为海内孤例。四周环以青、绿、红、旦四色地泥金灼火。

建筑遗存片段的剥离与揭露

临溪亭软天花可按“结构”分为九片，从建筑上揭下后需分别分析病害、进行修缮。由于历经修缮，临溪亭现存软天花中，可见不少“补丁”的所在，即表面的颜料层下，藏着更为原始的彩画层。

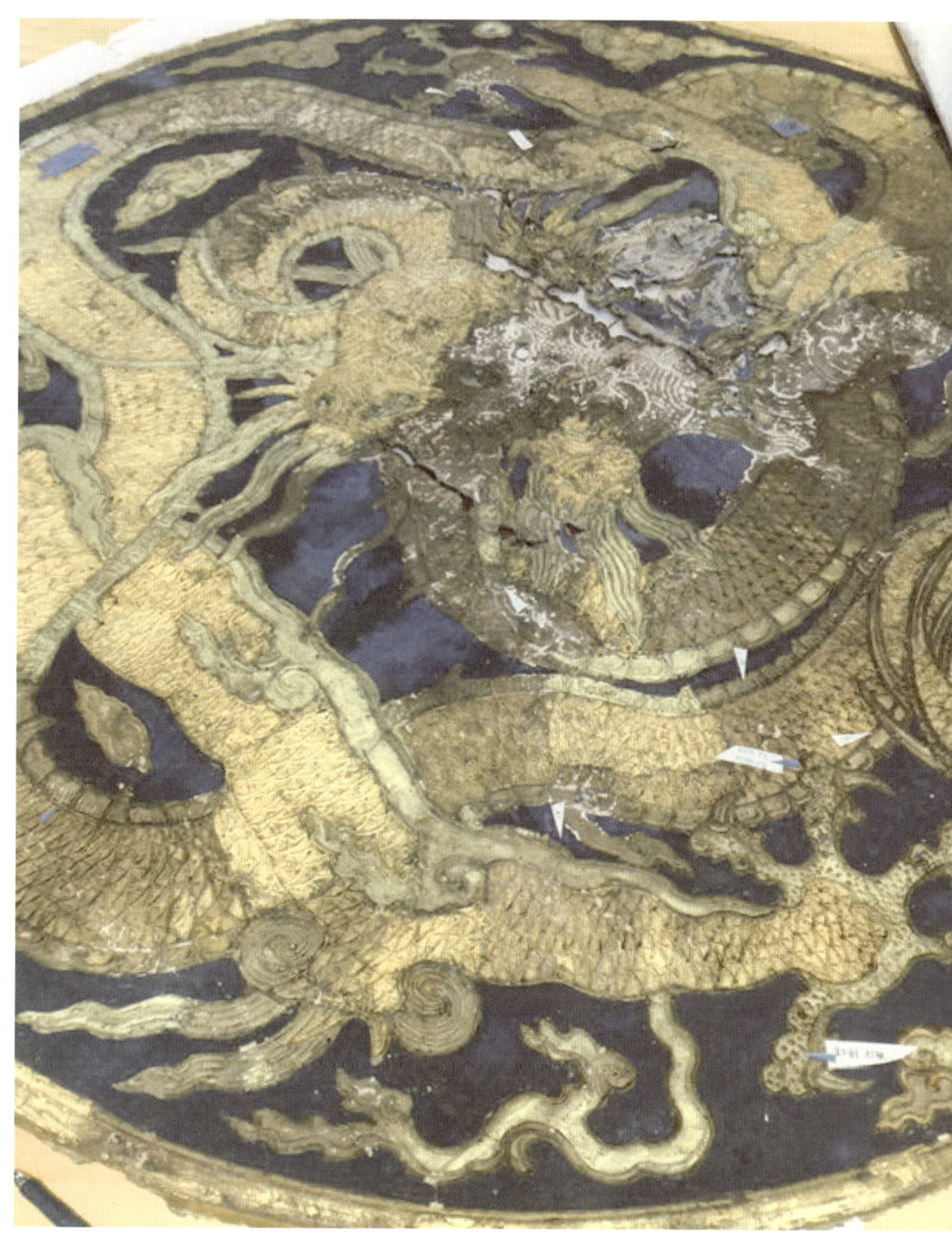

软天花拆解后之明镜

现代显微分析下的文化信息发现

微观手段的介入，便是通过现代科技来了解不同层中的成分。由彩画样本剖面显微分析可见，不同位置的颜料层数、内容皆不尽相同，从而可推测出其绘制时所属的年代，并指导彩画的整体修复过程，乃“见微知著”。例如其间使用的源于国外的普鲁士蓝颜料，印证了近代中国的外贸活动信息，由此对建筑遗存的微观分析有力地支撑了宏观的历史研究。

样本显微镜切片

经过放大后的彩画样本剖面、颜料颗粒与人们熟识的纹样、颜色相去甚远，却可在微观之中透露出彩画颜料的真实面目。

红色 + 白色混合颜料层
红色颜料层
金层
胶层
绢底
蓝色颜料层：青金石 + 石青
浅蓝色颜料层：石青 + 铅白
纸层
靛蓝颜料层
金层 1+ 金胶油 1
金层 2+ 金胶油 2
靛蓝
绢底

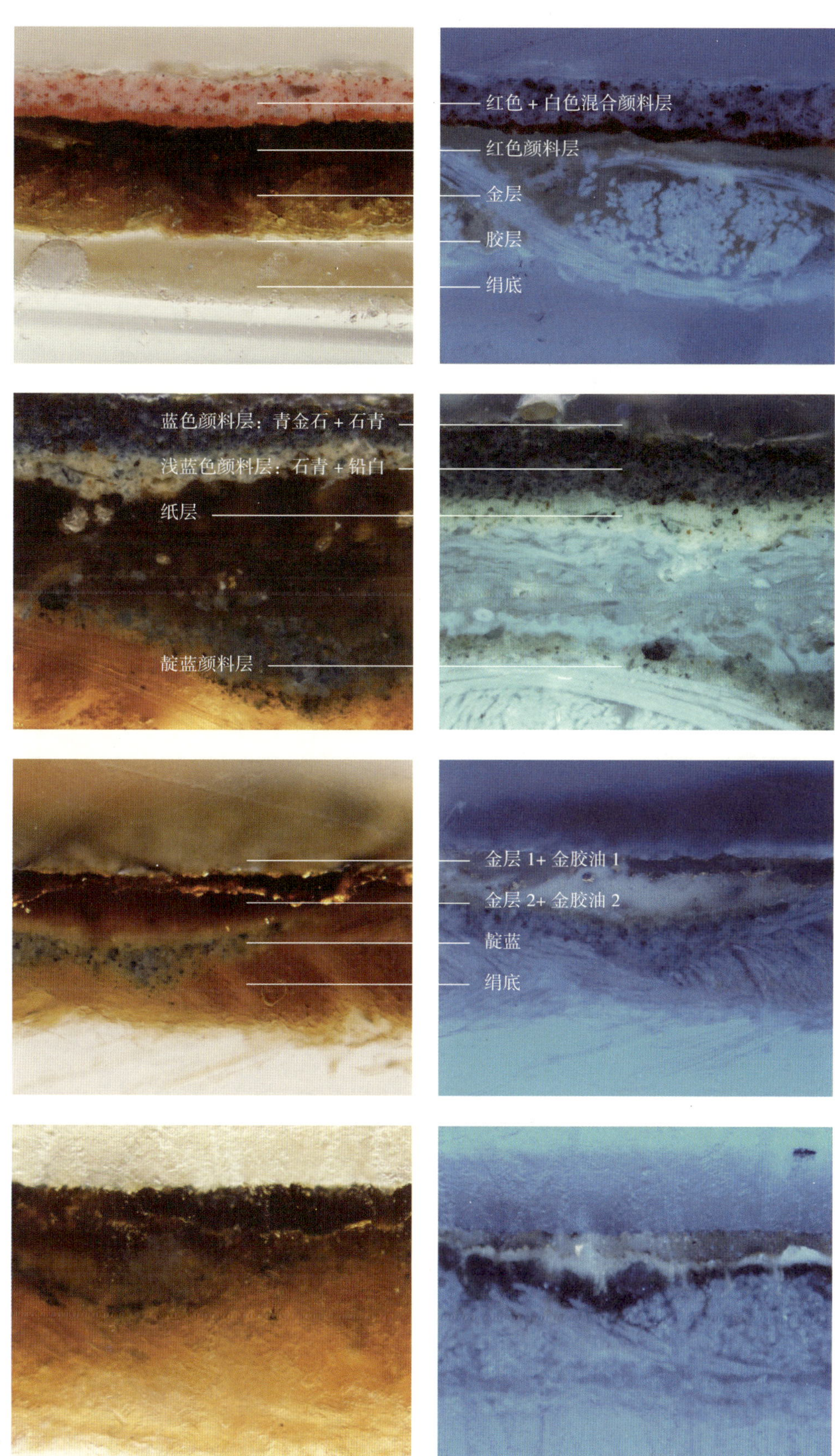

颜料层切片

第维

学科维观

第 2 维 | 学术研究

| 理论思辨 |

起于对人的关注

城市、建筑、居室、器玩

已不再是割裂的学科、独立的学说

而是个体感受、行为心理、群体模式的理论

一切关乎建筑成因、建设活动的探讨

社会、经济、文化、审美

需要点燃理论之灯

城市更新一直是国际建筑与城市研究中的重要方向，近年来也逐渐成为国内学术界关注的一个热点问题。与此同时，伴随着社会的不断发展，一系列新思想与理论开始出现在城市更新研究之中，大量有关于城市更新对象、内容与方法的精细化研究开始出现。另一方面，在快速度、大规模发展阶段之后，我国城市建设实践也将逐步进入存量优化与品质提升的新时期。基于以上认识，文章试图针对新时期城市更新发展的特定挑战，同时结合清华大学研究生一年级北京大栅栏微更新课程教学研究，从城市微更新的角度进行梳理，并初步建构城市微更新的理论框架，为未来城市更新实践的进一步发展提供支持。城市更新一直是国际建筑与城市研究中的重要方向，近年来也逐渐成为国内学术界关注的一个热点问题。与此同时，伴随着社会的不断发展，一系列新思想与理论开始出现在城市更新研究之中，大量有关于城市更新对象、内容与方法的精细化研究开始出现。另一方面，在快速度、大规模发展阶段之后，我国城市建设实践也将逐步进入存量优化与品质提升的新时期。基于以上认识，文章试图针对新时期城市更新发展的特定挑战，同时结合清华大学研究生一年级北京大栅栏微更新课程教学研究，从城市微更新的角度进行梳理，并初步建构城市微更新的理论框架，为未来城市更新实践的进一步发展提供支持。城市更新一直是国际建筑与城市研究中的重要方向，近年来也逐渐成为国内学术界关注的一个热点问题。与此同时，伴随着社会的不断发展，一系列新思想与理论开始出现在城市更新研究之中，大量有关于城市更新对象、内容与方法的精细化研究开始出现。另一方面，在快速度、大规模发展阶段之后，我国城市建设实践也将逐步进入存量优化与品质提升的新时期。基于以上认识，文章试图针对新时期城市更新发展的特定挑战，同时结合清华大学研究生一年级北京大栅栏微更新课程教学研究，从城市微更新的角度进行梳理，并初步建构城市微更新的理论框架，为未来城市更新实践的进一步发展提供支持。城市更新一直是国际建筑与城市研究中的重要方向，近年来也逐渐成为国内学术界关注的一个热点问题。与此同时，伴随着社会的不断发展，一系列新思想与理论开始出现在城市更新研究之中，大量有关于城市更

北京城市微更新的理论探索与思辨

| 王辉

城与人

城市的发展更新一直伴随着对物质层面城市空间的新建与改造。不管是早期豪斯曼对于巴黎的改造，还是后来的城市美化运动，都是以城市空间形态的优化调整为主要目标；20世纪的现代主义运动则导致了对于原有城市空间结构与面貌的大规模改造。而自20世纪中期始，针对现代主义建筑与城市发展模式的质疑越来越多，同时人们对于城市空间背后人的需求的关注也越发加强。

20世纪40年代末期，普林斯顿大学召开了名为“为现代人建筑”的研讨会，会上有学者提出，感知是建立在主体的体验和价值观上的，并号召对于“纯形式”这一抽象逻辑进行再思考。1961年，简·雅各布斯（Jane Jacobs）的《美国大城市的死与生》一书出版，对以现代主义理念建成的城市空间进行了质疑。当时的人们对于城市背后的社会、环境问题越来越关注，低造价住房、社区更新一类的话题开始出现，亚文化和弱势群体的社会需求也开始被关注。正是基于这样的思考，一些坚持人本主义的研究者们开始强调关注城市背后人的需求的多样性和完整性，他们认为之前的城市更新发展缺少了对于人们需求的关注。这一突破城市空间物质性来看城市空间的思想引发了一系列基于人本需求的城市研究，也正是在这一时期，城市更新中出现了大量有关于行为、心理与社会学等方面课题的交叉研究。

20世纪60年代末开始，随着人们对环境问题的不断关注，对于物质环境质量的评价以及解析人类行为与物质环境相互关系的研究逐渐成形。除了从相对微观的环境品质角度展开的研究之外，还有一些则从相对宏观的社会经济角度进行切入，开展定性的、解释学的、批判性的研究。从20世纪70年代开始，“空间造成的差异”成为以社会科学为基础的学科以及地理学等学科的中心，这些研究为传统建筑与城市研究提供了一套具有社会意义的框架与标准。

作为与社会文化与个人生活的物质载体，城市空间一直与社会状态有着密切的联系。从空间与人相联系的角度，新时期的城市更新理论与实践对于现代主义建筑城市观进行了反思，强调要关注人、社会与城市的互动关系。这一趋势也表明城市更新需要超越传统城市空间研究与设计的范畴，从更广泛的视角来研究城市发展问题。同时，这种视野广阔的研究系统首先是一种关于人的研究，这一基于人本视角来看待城市空间与文化、社会等要素关系的思想，也成为了新时期城市更新的重要依据与指导思想。

系统性与复杂性

一段时间以来，城市被理解并塑造成由上而下的单一系统。这一思潮可以追溯到19世纪，当时一些新兴学科研究对系统性开始了探索，到了20世纪20年代就逐渐演变成了一套有关系统性的理论，也就是一般系统包含着一套由上而下的控制机制。20世纪五六十年代，社会科学、管理科学以至城市研究的不同专业领域都发展出了它们自身的系统方法论，并以此作为巩固其学科结构与相应实践的基础。与上述思想相对应，从另一个角度解读城市也即自发形成城市系统的观点也在逐渐发展。近年来，伴随着科技的进步与社会的进一步发展，这一新的理论视角为多角度理解与研究城市提供了新的思路和方法。

城市研究中的复杂性理论源于复杂性科学思想，这一前沿科学的研究对象主要是复杂系统，而城市作为一类特殊的复杂系统，具有动态、非线性、自组织与涌现等特点。在20世纪中叶，从系统性出发将社会结构类比为机器运作方式的观点非常流行，但是这其实在一定程度上忽视了上述提及的城市自主性等特点。近年来，大量城市研究者从复杂性理论出发，试图深入地理解与研究城市的复杂性，并提出了自己的理论方法。这一理论方法将城市现象看待为多要素驱动的一个持续动态发展的进程，这对我们如何理解新时期的城市特征以及塑造未来的城市面貌具有重要的影响。

早在20世纪60年代，就有学者认为伴随着社会复杂程度的提升，社会问题已经是一套复杂的系统。于是系统性、复杂性这些强调整体研究问题的思维模式就开始逐渐代替了以形态美学为单一目标的传统设计思维模式。一些人开始认为传统设计方法已经不能适应当代西方社会的复杂状况，设计需要更广泛地去解决日益复杂的建筑、城市与环境问题。除了要在设计中加强研究性的讨论之外，城市的复杂性问题也导致了20世纪70年代以来研究方法的不断演化，除了人文性地开展定性的、解释学的、批判性的研究方法之外，还出现了定量化、实证性或基于大量数据整理分析的科学研究方法。在研究对象与问题方面，环境、可持续、社区等关键词成为了当代城市更新发展中的新热点问题，从学科交叉出发形成的新领域也在逐渐出现并成为热点，而相关研究问题框架的复杂性也在不断增加。复杂性认知的出现，意味着从着重于结构和形式到着重于行为和过程的转变。在学科交叉、复杂化系统研究的趋势影响下，新的城市更新理论与方法开始从一个由多学科共同构成的系统中合成产生，这一过程也在逐渐向不同领域的专家开放，包括社会学家、技术专家以及普通大众等各种主体都在逐步建立对城市问题的认知共识。这种转变需要我们更为广阔同时又更为深入地审视城市更新问题，更巧妙地去寻找各要素与领域之间的相互联系，在此基础上提出具有针对性的解决方案。

宏观与微观

微观是城市微更新的理念与视角，这一视角与以往的宏观视角相对应，是指更为精细深入地看待城市空间更新的具体问题。这里的微观既是指城市空间尺度的微观具体化，同时也是指社会生活需求的微观精细化。

近年来我国的城市建设经历了高速的发展期，速度与变化成为当代中国城市建设的重要标签。伴随着城市更新发展阶段的深入，近年来，城市更新领域已经涌现出了一种空间尺度相对微观的趋势。在新的大规模物质空间建设基本完成、快速城市化逐渐放缓之后，种种城市问题（如环境品质提升、老旧社区发展等）逐渐显现，这些问题背后反映的是更为精细化的生活需求。于是，城市微更新需要从以往相对宏大的思维方式中解放出来，以更加微观的视角去审视城市发展的新阶段与新问题。

微观视角意味着去关注尺度并不巨大，但大量存在的承载日常生活的具体场所，这些微观场所的营造对于城市整体品质提升具有重要意义。良好品质的微观城市环境会给人安全感与幸福感，为人们创造更加美好的生活，促进社会的融合与凝聚力。因此，研究者要从微观视角发现具体的城市空间问题，同时关注其中人的具体体验与感受。需要注意的是，微观视角并不只限于空间的微观，而是要从问题出发，将微观的空间更新置于有意义的城市整体品质提升的背景假设之中，将坚实细致的微观工作与城市整体发展的宏大立意相结合。

独立与整合

在科学技术进步以及社会发展推动之下，城市容纳了主体与客体、技术与社会等因素，共同形成了一个复杂联系的系统。因此，针对城市空间的微更新在微观的视角之下，还需要有将多种因素进行整合的思维观与方法论。

这种整合的思维方法既为建筑与城市设计拓宽了研究的对象范围，同时也对建筑与城市设计提出了更高的要求，研究者需要进一步拓展去寻求更多的跨学科与专业的可能性。在微观视角下，研究者既要能进行精细化、聚焦式的挖掘，同时也要不断拓宽研究视野，从多个角度建构研究框架并加以整合。这就需要我们关注和了解其他学科，不仅在相邻学科如城市规划、风景园林之间进行合作，甚至要在更广泛的范围内进行学科交叉，探寻建筑学与其他学科（如社会学、心理学、计算机科学、工程技术、视觉艺术等）的渗透与融合，以求全面深入地发掘当前城市微更新的内涵机制与解决之道。

另外，在多学科、多要素的影响之下，城市微更新的设计过程也体现出了一定的综合性。微更新需要有更多的人加入进来，不只是建筑师，各行各业的技术专家以及社会大众的多元认知都需要进行整合，从协同中形成关于城市更新问题的共识与合理解决方案。因此，城市微更新的整合不只是要素与方法的整合，同时也是多元主体认识与需求的整合，以此实现对于城市更新问题的细致剖析与综合解决。

文化：先锋与后锋

城市文化传承发展是城市更新发展中的重要课题，而在之前的快速城市化过程中，城市建筑的规模和体量越来越大，但这些建筑的文化品质却并不太令人满意。一些设计者试图以理想化的先锋态度进行批判，于是，在反旧立新的目标之下，他们开始追求批判现实的先锋思想，众多新奇甚至惊世骇俗的作品不断出现。先锋意味着与传统以及日常世界联系的割裂，借助于前沿与陌生化的语言表达对于纯粹性的追求，倡导从设计形式的审美自律来寻求突破。而建筑与城市设计师的先锋态度是要把传统中不纯粹的因素驱逐出去，他们希望借助于脱离原有语境的超尺度体量或新奇形式表达对于传统的反叛。一些先锋建筑师还试图用作品表达对于社会现实的批判或反讽，以这种相对反叛的姿态解构以往相对传统的表达方式。

与先锋相对应，美国学者肯尼斯·弗兰姆普敦曾就建筑与社会语境之间的互动关系提出，建筑学今天要能够作为一种批判性的实践存在下去，就要采取一种“后锋”派的立场，也就是要使它自己与启蒙运动的进步神话以及那种回归到前工业时期建筑形式的冲动保持等同的距离。只有这样才有能力去培育一种抵抗性的、能提供识别性的文化，同时又小心翼翼地吸取全球性的技术。先锋自然是与“启蒙运动的进步神话”相关，甚至是“抽掉现实的抽象”；不仅如此，先锋一般还带着鲜明的精英色彩，也可能是大众难以理解的产物。所谓后锋，实际上已经不把建筑本身作为反叛传统的重要手段，而是强调通过创作者对生活世界的独特发现建立与社会的联系。先锋强调的是要与生活保持一定的距离，而后锋则并不再强调和生活保持距离，而是和生活融为一体。可以认为，后锋可以使得城市空间成为多数人日常生活的一部分，或者说是一种“审美的生活化”。先锋是精英的、小众的，后锋则意味着精英和大众界限的逐渐模糊；先锋是宏大的、独立的，而后锋则是微观的、开放的。

可以认为，与先锋那种直接的批判态度相比，后锋是相对谨慎与小心的。实际上，在多元化的思潮以及社会的快速发展背景之下，针对城市具体问题的城市微更新更需要进行拓展，从广泛的领域中吸取经验来解决当前的具体问题。可以认为，后锋这一文化视角希望能在传统与创新中取得平衡，在与全新的、多元的技术条件及社会形态建立联系的过程中，同时借助新的思想与技术手段尝试各种各样的应对策略，以此从文化传承与发展角度来研究与解决城市更新问题。

针对老城中的低洼院进行研究并尝试保护合院文化

社会：抽象与日常

空间的发展与社会相关联。有理论家提出，尽管当前社会呈现出纷繁复杂的社会表象，但其实整个世界已经成为了一个整体，新的总体性已经形成；但也有思想家从人本批判的角度提出新的总体性不复存在，社会在变得越来越多元，这也将导致主体对不同事物的宽容和对差异的敏感。这些思考对于建筑与城市设计者有着一定的启发意义，之前的城市快速发展为解决社会总体性的问题提供了物质基础，而在进入新时代、社会状况迅速发展的新形势下，城市的更新发展特别是城市微更新不仅要关注到抽象的、总体性的社会一般状况，更要能体现出对于社会日常现实的关注以及对于人文的基本关怀。这也意味着城市微更新要与社会的日常生活相关联，要人本地从微观视角看待空间与社会日常之间的关系并有所回应，创造性地去解决人们日常生活中的具体问题。

与抽象、总体的思维方式相对应，从日常的社会生活出发进行城市微更新，意味着个体与城市环境的不可分割，并强调从人的居住等基本日常活动出发进行整体场所环境的创造，以此突出日常环境对于普通人生活的意义。因此，这种对于普通人日常生活的关注就赋予了新时代城市空间更新创造的精神意义。早在20世纪70年代，建筑理论家克里斯蒂安·诺伯格-舒尔茨就发表了《场所精神》等著作，他从海德格尔的论述如文章《筑居思》中获得启发，形成了著名的“场所精神”思想。海德格尔认为建筑和居住紧密联系，同时这些活动都是通过人们对场所营造的参与以及对地方意义的探索来进行的。而舒尔茨则提出建筑设计的任务是创造有意义的场所来帮助人们实现安居。可以认为，关注居住活动等社会日常生活启发着我们对于城市日常场所的关注与重视，从而实现在生活场所里找到人与世界之间存在的微妙联系。

另外，这种对社会日常生活的关注会引发对于具体生活情境的建构。20世纪中叶出现的情境主义者在对现代主义的批判中提出了要“建构情境”的日常生活实践。进行城市微更新的设计者们需要尝试从日常生活的角度重新审视城市空间，重视具体生活情境在空间塑造中的重要性。这也要求他们从根本上重新审视之前针对社会总体性问题的抽象建设规则，提出更为复合性同时又具有针对性的解决方案。

基于日常生活的微更新是在探索居住活动、环境与人的存在之间的关系，在生活世界中挖掘人与环境的基本状态与潜在联系。这对于习惯于从事快速大规模建设、解决总体性问题的设计师们而言具有启发意义。日常生活世界是由具体事物组成的，而不仅是由普遍的抽象或简单的系统所能概括的。因此，城市微更新需要设计者们去发现与体验社会日常生活，通过深入的调查研究去挖掘具体生活背后体现出的空间问题，在此基础上将人的生活与具体可见的更新改造联系起来。

技术：目的与手段

城市更新实践必须遵从建造的基本技术条件与规范，不仅如此，技术的快速发展为空间创新提供了更多可能性。科技领域的新发现对于设计、建造与审美都造成了极大的影响，各种新材料、新工艺与新技术手段开始被广泛运用。新的技术确实为城市更新这一综合性问题的解决提供了有力的支持，但技术运用究竟是追寻的目的还是解决问题的手段，这一问题是值得进行城市微更新的研究者们深思的。

城市微更新是涉及文化、社会、空间等多要素的综合性问题，技术作为体系中的一环，可以为这一综合性问题的解决提供必要的手段支撑。2013 年，麻省理工学院（MIT）建筑系出版了一本名为《二次现代：MIT、建筑与“技术—社会”之时》的书，该书以“技术—社会”为概念总结了现代主义之后 MIT 的建筑学发展，并对技术在学科发展中的定位进行了说明，即在十分强调新技术实验和应用的 MIT 中，新技术发展也是需要与社会需求相结合的。这一时期正是西方城市大量进行更新的阶段，这种对待技术的态度也在说明城市更新中技术的应用还是要以问题为导向并服务于现实需要的。

因此，新时期的微更新更需要设计者以问题为导向、以技术为手段来解决具体的问题。这就要求设计者结合对于具体城市问题的解析，选取适用、适度的技术，在实用与创新、高技与低技间实现平衡。一方面，城市微更新这一复杂问题需要设计者具有创新的意识，大胆地尝试数字技术、绿色建筑技术等各种新技术；另一方面，设计者更要深入地去挖掘传统工艺、材料与技术的可能性，这在有限的空间范围与适宜的造价内显得尤为重要。本雅明曾提出传统艺术具有韵味的审美价值，而到了机械复制时代艺术品的韵味在逐渐丧失。而对于传统材料、工艺与建造这些基本空间技术的理解成为了“韵味”的关键。作为人们生活与城市文化的物质载体，城市空间的微更新就是对于人的生活世界与传统的再建构，空间建造活动本身就有着重建“韵味”与传承文化的特定作用。因此，城市微更新在尝试技术创新的同时，更要注重对于材料、工艺等基本建造技术的使用与挖掘，从中找寻解决问题的适宜技术手段。

总体来看，城市微更新是在用适度技术创造性地、综合地解决城市更新中的具体问题，技术手段不应是炫技式的高科技展示，而是作为实现更新设计目的、帮助人们重建日常生活世界的重要手段。与日常的场所营造相匹配，这些建造技术的使用是适宜的与巧妙的，能让人们更为关注日常事务中本质与基础的一面。在这一过程之中，材料、建造等技术手段通过恰当的介入实现人们的理想生活状态，技术同时也将在目的与手段的辩证中再次获得独立的内涵与文化价值。

空间：异质与和谐

在空间层面，城市微更新意味着建筑与城市设计将不再依赖于预先设定的单一规则，大规模发展建设的原则被突破；另一方面，微更新也不再依赖设计师个人的浪漫创造与感性想象，极具标志性的空间形式不再是设计的首选。对应于复杂多元的具体需求，通过微更新形成的城市空间将具有新的和谐性，这种后锋式的空间和谐既不是快速形成的简单划一，也不是先锋式的冲击异质。与丰富日常生活的微观尺度与体验相对应，微更新的城市空间既宜人舒适，同时也将丰富多元。于是，城市微更新的空间复杂性不再体现为异质或矛盾，而是多元与和谐。

与这种变化相对应，多元与人本地去阐述空间深度的方式开始出现。在设计的过程中，先锋式的现代空间设计所关注的语义、结构与隐喻被更为放松的空间语言所取代，人们更多考察空间客体与观者主体之间的互动，强调受众在空间中的感受与体验。如果说快速建设期的城市空间突出尺度巨大、更具有象征意义的摩天楼或纪念碑的话，那微更新的城市空间更强调规模适度，同时具有人文情怀的生活化空间。这类空间更多地体现出一种相互关系，以往对于空间标志性的要求逐渐消失，取而代之的是更为具有体验感同时解决实际问题的丰富场所。

另外，正如前文所述，城市微更新不再强调分离独立的思维模式，而是关注到了建筑与环境以及具体生活场景的连续性，这种新的和谐观在注重整体环境营造的同时，体现出城市空间与当代生活融合共生的可能性。空间的更新设计创意开始从生活世界中提取灵感，艺术和生活、建筑设计与日常空间的边界在逐渐消失。与此同时，生活与环境的融合使得强调静观的传统艺术品欣赏模式逐渐消解，而全方位的空间感知则被更多地投入到创作与欣赏过程之中。这就要求空间设计摆脱以往传统抽象、静态的单一审美评价。因此，城市微更新形成的空间整体性不仅仅要求形式层面的审美感受，而是强调多维度、多感知方式的综合感受，其中融合了审美、使用、互动、交流等多种主观体验。

可以认为，在城市建设逐渐进入精细化与品质提升的状况之下，城市微更新将从多个维度对于具体的建筑与城市空间问题进行探讨。由城市微更新形成的空间将作为人与外界联系的一个重要接口，它涉及人的全方位感知与生活品质的提升，将成为人们体验世界与生活情境的载体及对象。

针对街道两侧店面更新设计进行研究

| 城市设计 |

认知北京历史城市的内在空间逻辑

了解北京城市空间的演变过程、动力和机制

建立基于中国历史文化枢纽工程目标的保护与发展理念

北京老城的城市记忆修复和历史脚印彰显

构建新的空间结构和形态模式

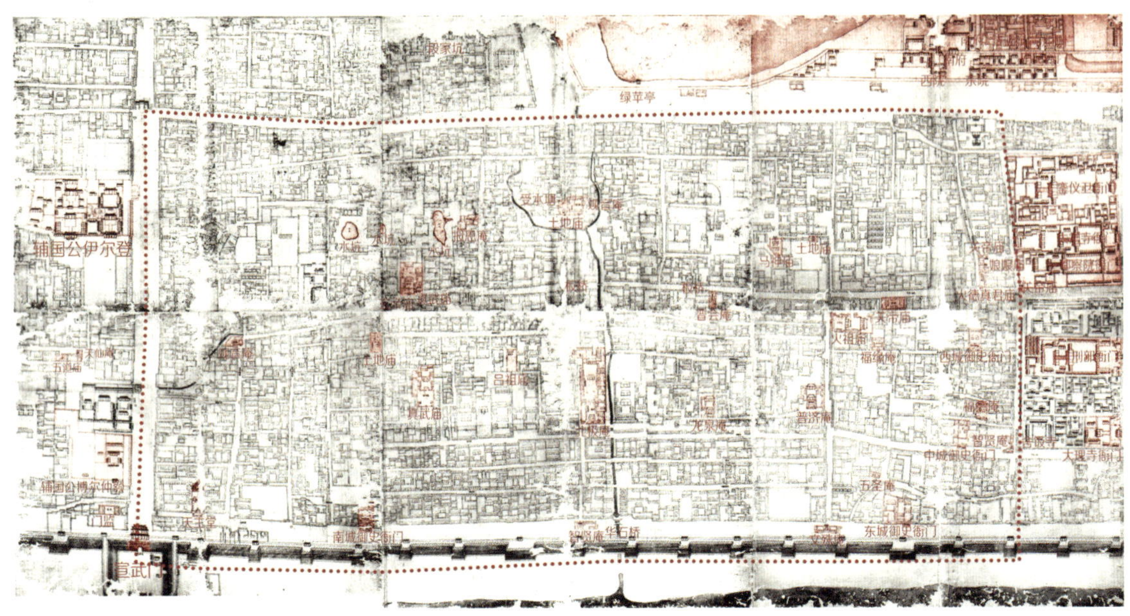

清乾隆图中的重要历史空间要素辨识与提取

三类重要城市历史空间要素在历史地图中被提取出来，分别是：①展示城市整体格局的空间要素，如城墙、城门、水系水体等；②作为片区空间格局要素的街巷、牌楼和塔幢等；③作为城市公共功能和公共空间的衙署、庙宇等。

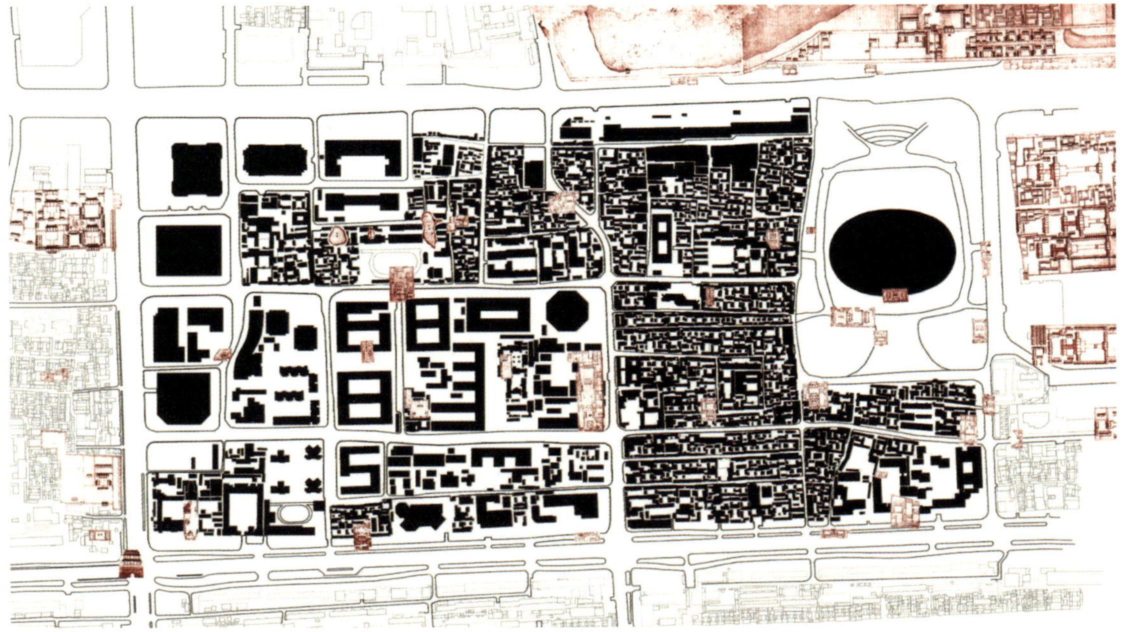

重要历史空间要素与现在城市形态叠加分析

提炼分析重要历史空间要素并非要简单加以复建，多种方式的历史脚印的保存和表达，既是历史文化保护的重要手段，也是面向未来发展和创造的重要源泉，对理解城市发展的内在逻辑和机制也大有裨益。

城市形态学视角的北京老城城市修补

| 钟舸

针对北京老城格局形态整体性和历史风貌特质的逐步丧失，针对 2000 年后北京老城部分代表性地区的形态演变过程，设计教学中对城市修补的探索，将基于城市设计在建筑学、城乡规划学、风景园林学三个一级学科交叉领域的特点认知，侧重运用城市形态学的视角和方法，了解北京历史城市的空间发展及其演变机制，了解北京旧城的实际问题和空间表现，并建构多样化的空间发展逻辑。这是一种基于城市设计思维方式和逻辑的设计，这一逻辑既是城市发展的逻辑，更表现在空间演变的内在逻辑。

城市形态学为这一空间认知、发展动力、演变机制和最终空间呈现提供了传统的，同时也是有力的工具。同时，基于城市保护理念而形成的城市形态学，也是研究既有城市建成空间、针对城市保护和城市更新的重要方法，是针对纷繁复杂的城市空间、建筑群体、场所环境重要的形态提炼、认知、建构手段。通过对街廓、街巷、产权地块、建筑群、场所等空间要素的形态研究，建筑学科的学生将更好地将其对空间的认知和设计从建筑尺度扩展到城市尺度，学会运用城市形态学针对复杂城市空间进行概念化、抽象化的认知、表达和设计建构。

最终，四个重要的理念和策略成为这一基于传统空间设计工具的教学重点，并提出了相应的北京老城城市修补方法：

（1）城市记忆的修复和历史足迹的彰显；

（2）组织具有历史含义和文化价值的空间轴线与结构性框架；

（3）构建连续性的公共空间体系并创造新的公共空间场所；

（4）在历史与现实之间植入面向未来的过渡性尺度和新的空间形式。

上述四个方面的理念和策略在具体地段和设计中往往综合加以运用，最终实现城市更新理念与城市形态修补设计的有机统一，同时实现北京老城历史文化的保护和整体性创造。城市保护既是历史文化保护的核心手段，也是为了面向未来更好地发展；是发展自信心的强化，也将是城市整体性空间秩序的重塑。

北京老城城市形态修补 | 策略之彰显城市发展足迹

西单东南—西绒线胡同片区更新设计

设计 | 陈晓眉 王修齐，2017

强化保护的吕祖阁、开放利用的鬻公府与异地复建的庆寿寺双塔，将形成重要锚点，整合各种类型文化资源，串联各文化精华区，形成不同于华盛顿战争纪念地的文化纪念地，打造从国家大剧院向西通向中央音乐学院的西长安街现代演艺区。

北京老城城市形态修补 | 策略之构建历史文化空间结构

二龙路—金融街片区更新设计

设计 | 刘铭佳 朱锐祺 曾彦玥，2016

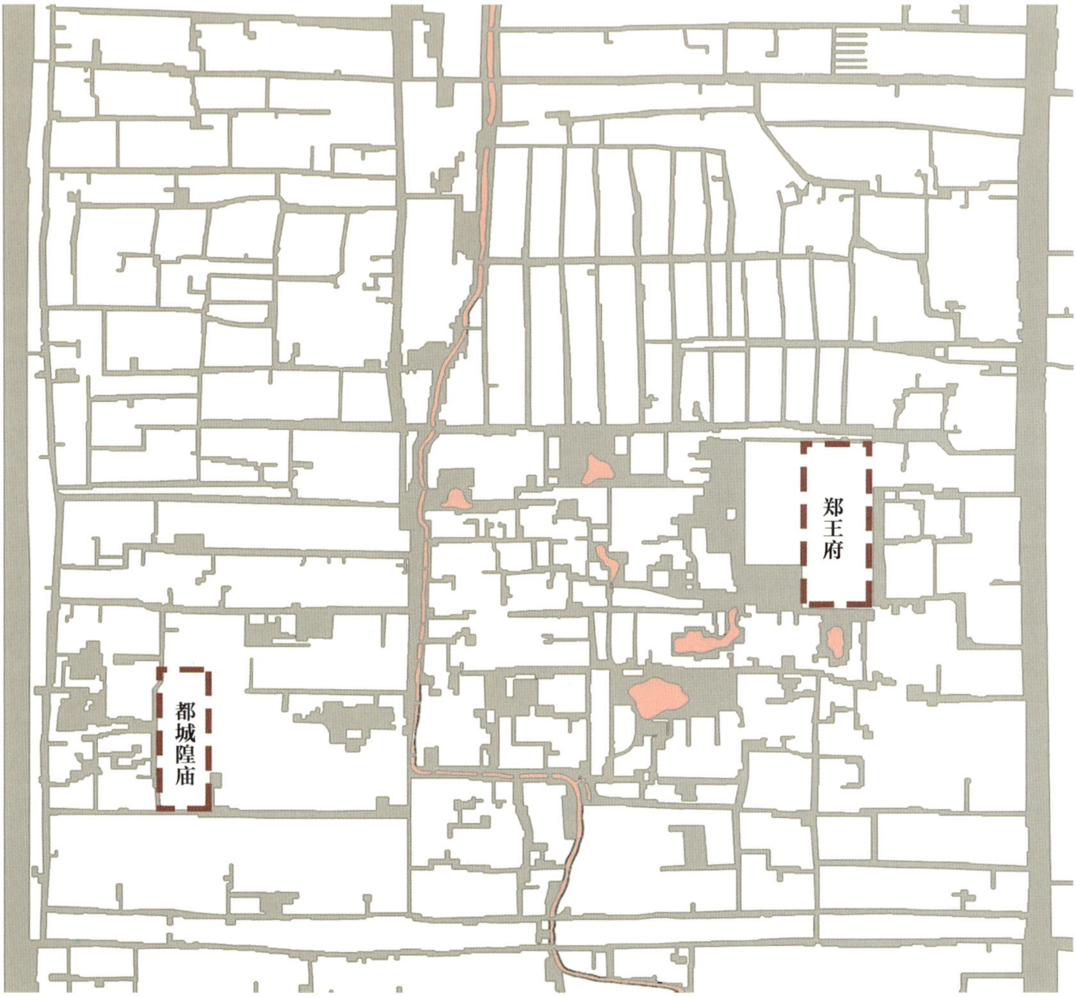

郑王府

都城隍庙

乾隆年间街巷肌理图

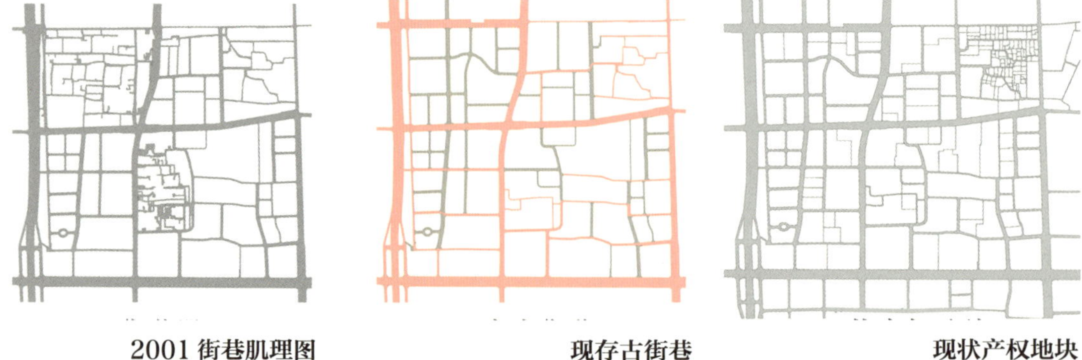

2001 街巷肌理图　　现存古街巷　　现状产权地块

郑王府和都城隍庙的中国传统院落南北轴线格局，与作为优秀近现代建筑的民族文化宫西洋式对称轴线格局，在地段中共存。二龙路片区历史上水系坑塘造就的非规则自然城市形态，为多种类型空间轴线秩序提供了连接整合的可能性，也为组织长安街界面、二环路金融街界面、西单商业界面，以及多种建筑尺度肌理提供了重要的空间设计手段。

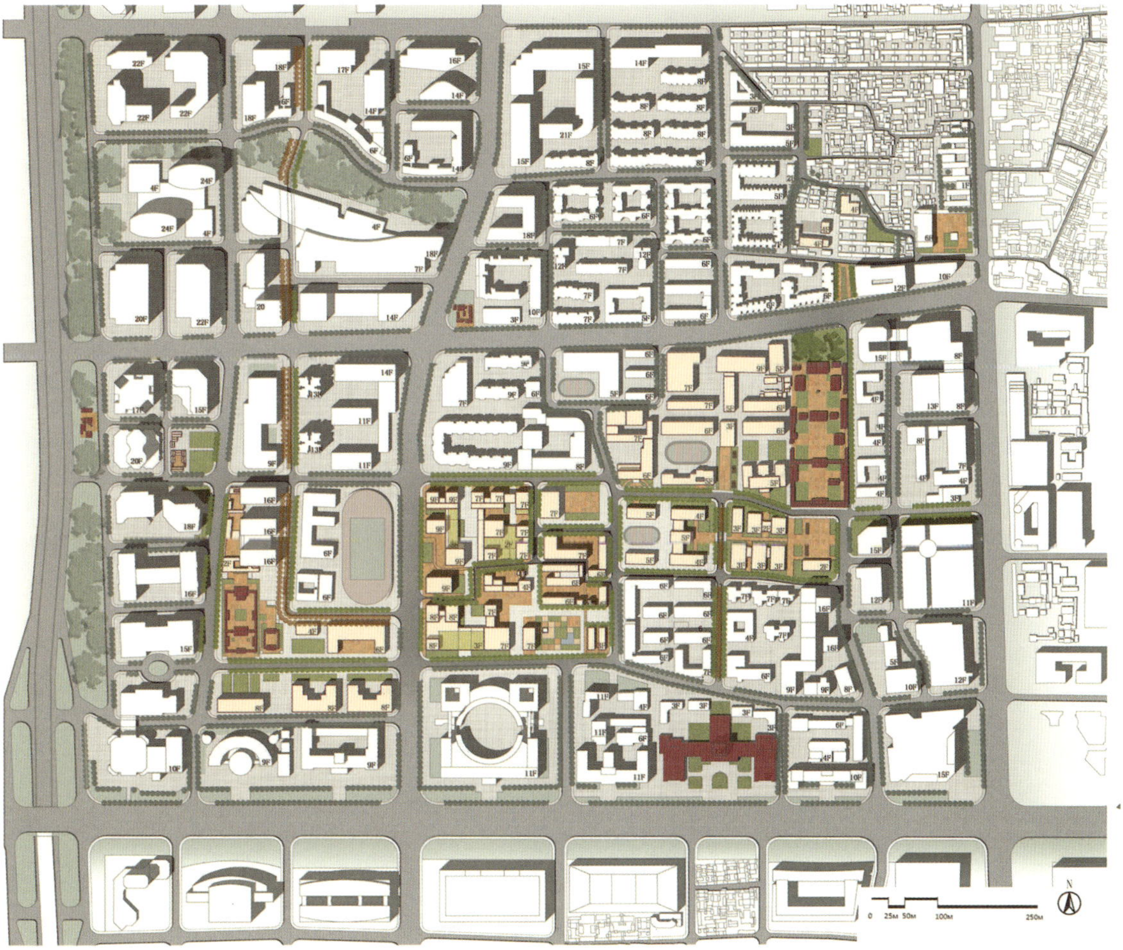

总平面图

中心公共服务区

二龙坑

北京老城城市形态修补丨策略之构建历史文化空间结构

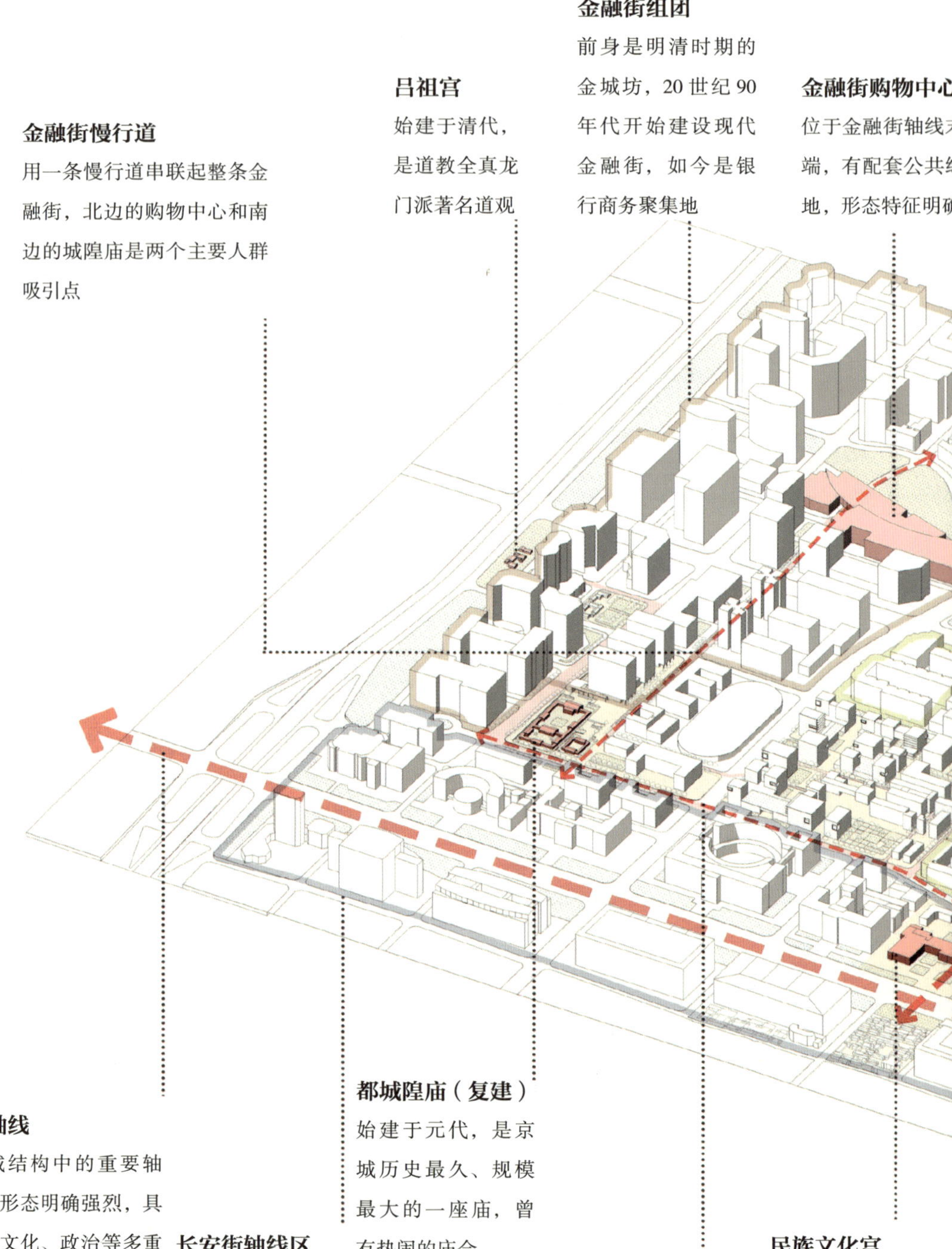

金融街组团

前身是明清时期的金城坊，20 世纪 90 年代开始建设现代金融街，如今是银行商务聚集地

吕祖宫

始建于清代，是道教全真龙门派著名道观

金融街购物中心

位于金融街轴线末端，有配套公共绿地，形态特征明确

金融街慢行道

用一条慢行道串联起整条金融街，北边的购物中心和南边的城隍庙是两个主要人群吸引点

长安街轴线

北京旧城结构中的重要轴线，空间形态明确强烈，具有历史、文化、政治等多重象征含义

都城隍庙（复建）

始建于元代，是京城历史最久、规模最大的一座庙，曾有热闹的庙会

长安街轴线区

沿长安街主要为大型公共建筑，建筑形态明显，有较强的轴线感

民族文化宫

新中国成立初期优秀建筑

长安街后街

既服务于长安街沿街建筑，也是整个地段空间结构的重要部分

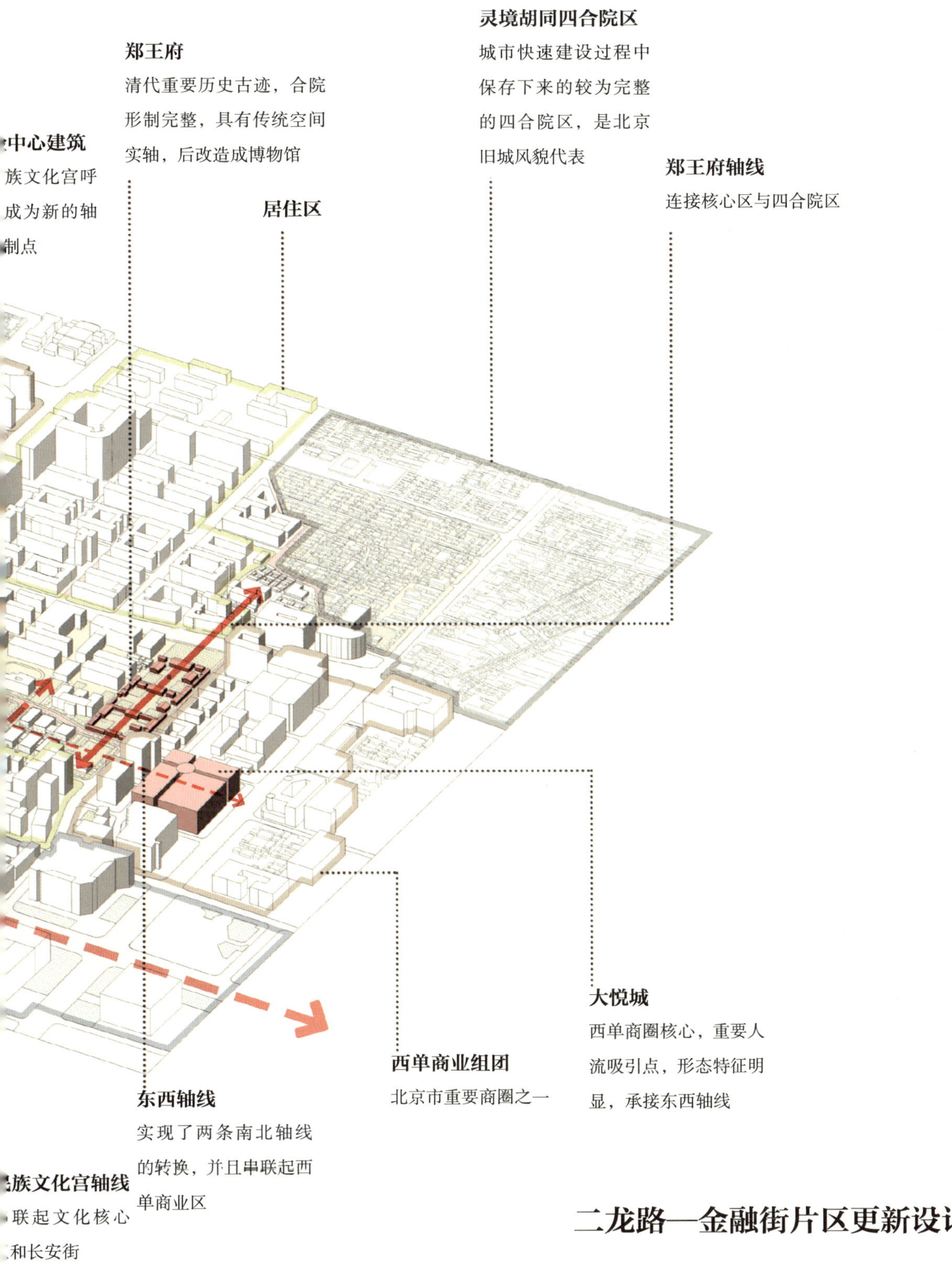

二龙路—金融街片区更新设计

设计 | 刘铭佳 朱锐祺 曾彦玥，2016

北京老城城市形态修补 | 策略之构建连续性公共空间

西单东北—灵境胡同片区

设计 | 郝奇 甘草 张笑涵，2017

西单东北片区既有丰富的城市中心商业区的城市公共中心资源，也拥有丰富的历史文化资源，但历史肌理的碎片化和公共活动局限在西单北大街的问题突出，使公共空间体系的重构成为解决核心问题的抓手。从城市主干道（包括长安街和西单北大街）向纵深腹地延伸的公共空间和公共功能，将紧密整合内外两种截然不同的城市形态，新规划的市场也将成为弥合社区和城市，为走向衰落的零售业提供新机遇的范本。

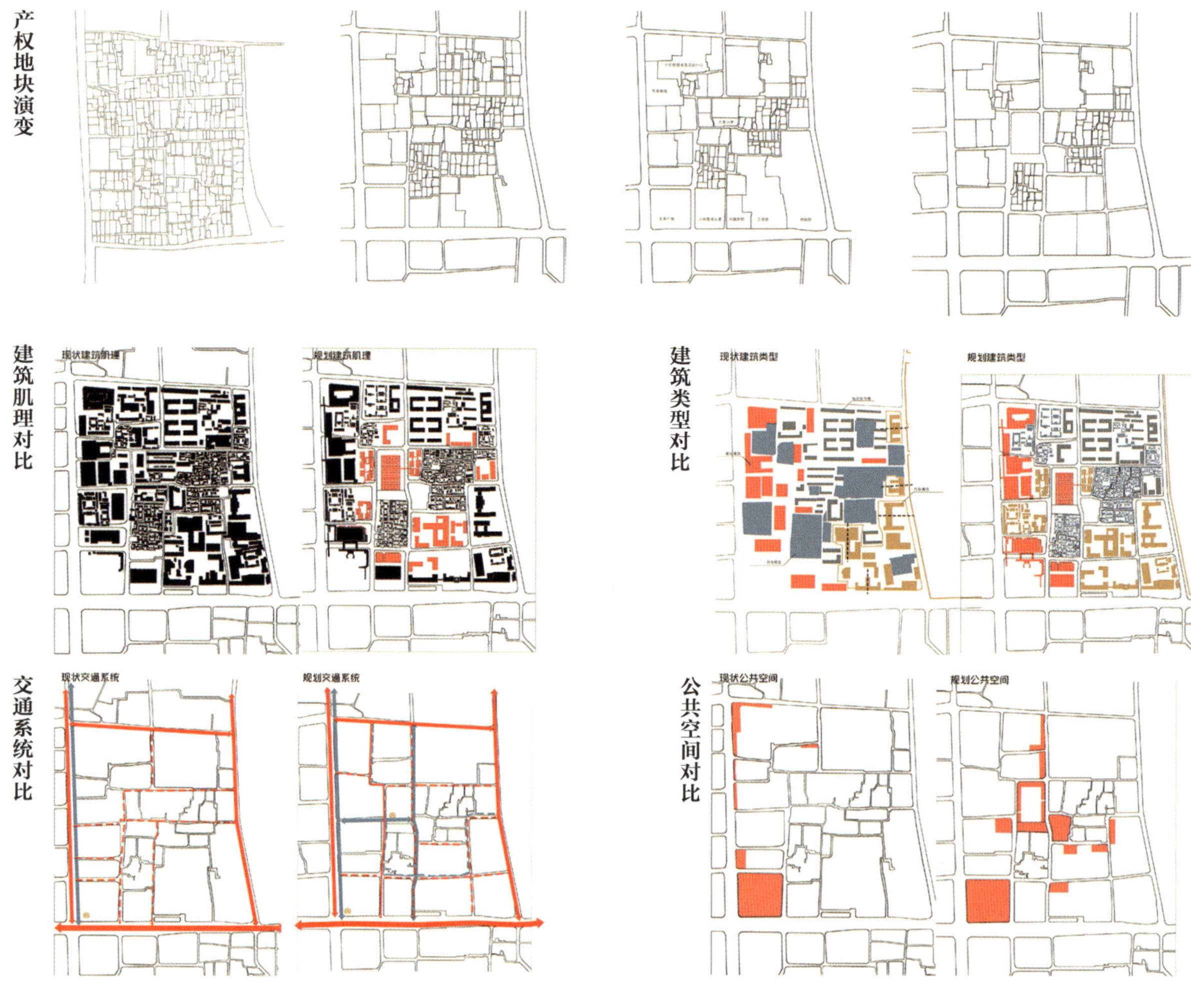

西单老佛爷百货
12
社区活动中心
4
住宅
6
学校
4
宾馆
1
宾馆
3
西单商场
8
商场
13
商场
11
社区活动
4
统战部
4
国立蒙藏学校
（爱国教育中心）
1
商场
9
工信部
3
档案馆
3
工信部
5
档案馆
4
工信部
4
北京图书大厦
6
北京图书大厦
9
民航大楼
4
民航大楼
7
电报大楼
7
中宣部
3
中宣部
5
总平面图

北京老城城市形态修补 | 策略之构建连续性公共空间

西单东北—灵境胡同片区

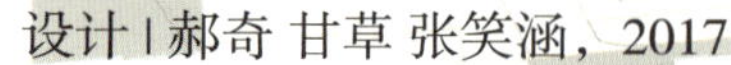
设计 | 郝奇 甘草 张笑涵，2017

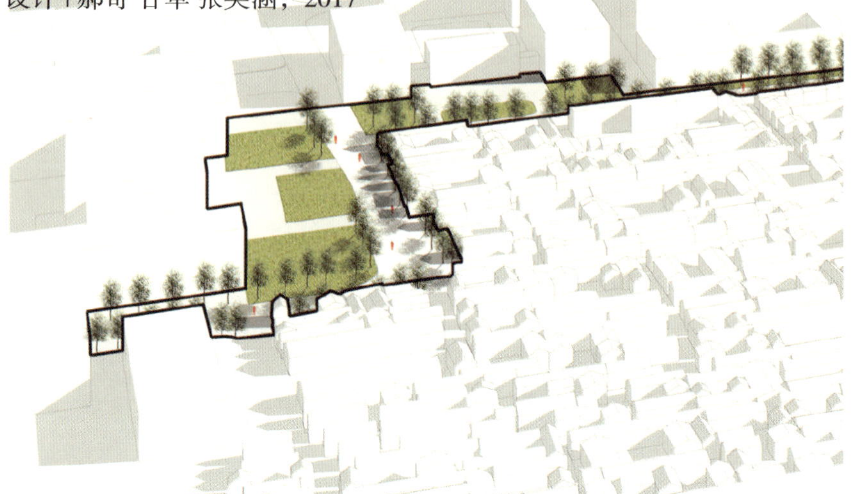
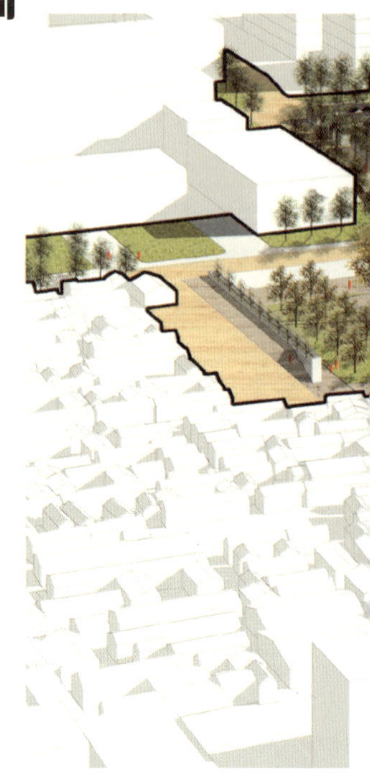

改造前

改造后

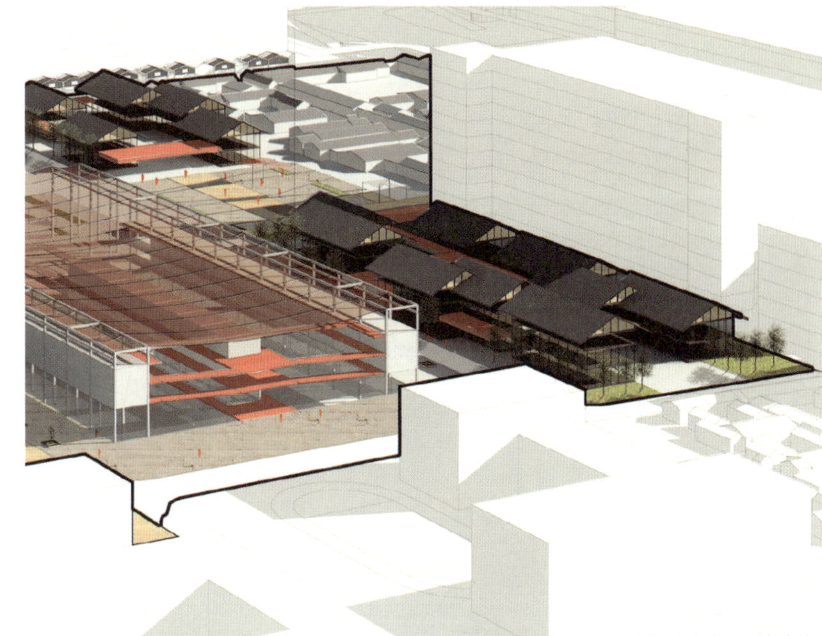

重要公共开放空间

北京老城城市形态修补 | 策略之植入过渡性尺度空间

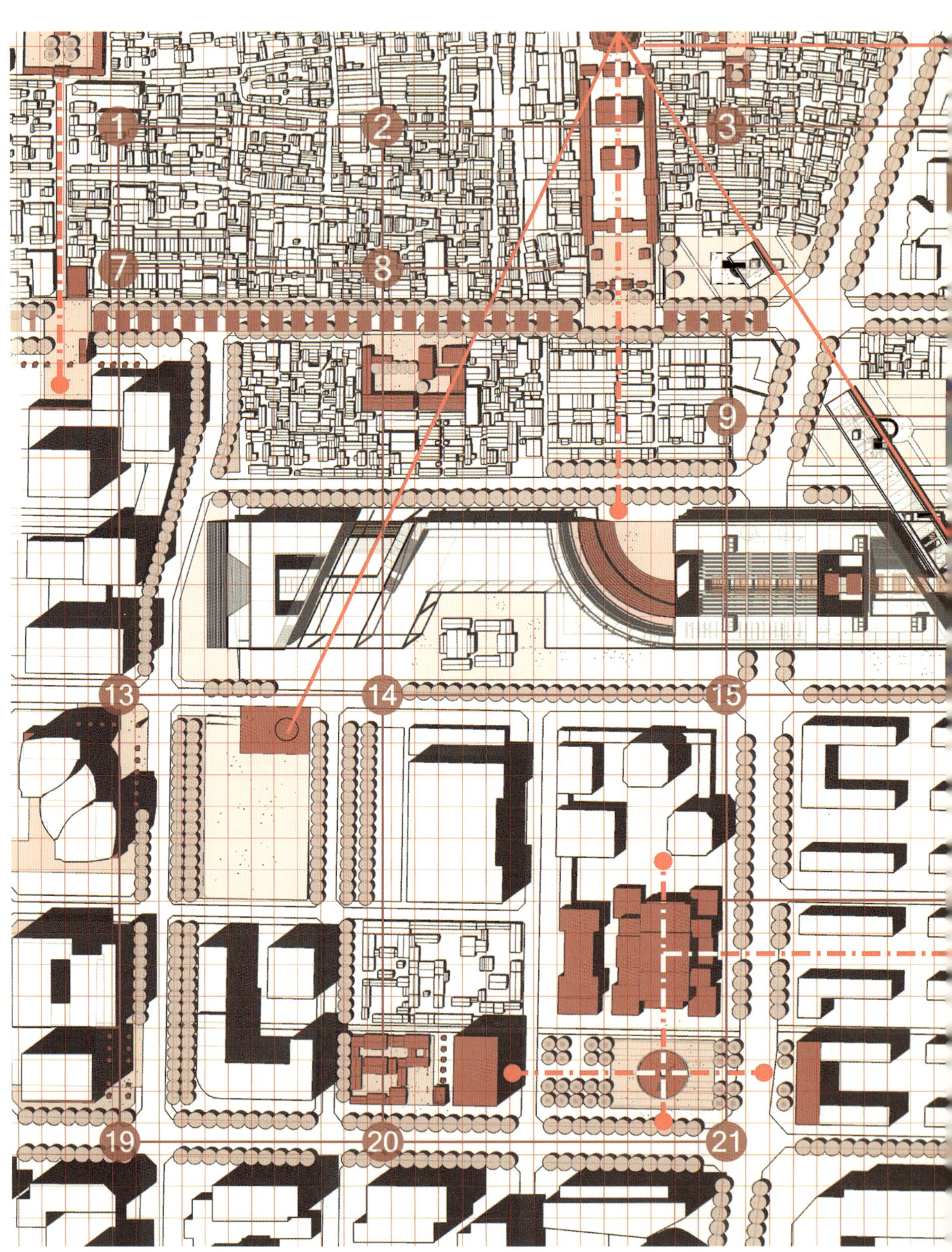

阜成门内片区更新设计（局部）

设计 | 唐其桢 盛景超 文汉强，2016

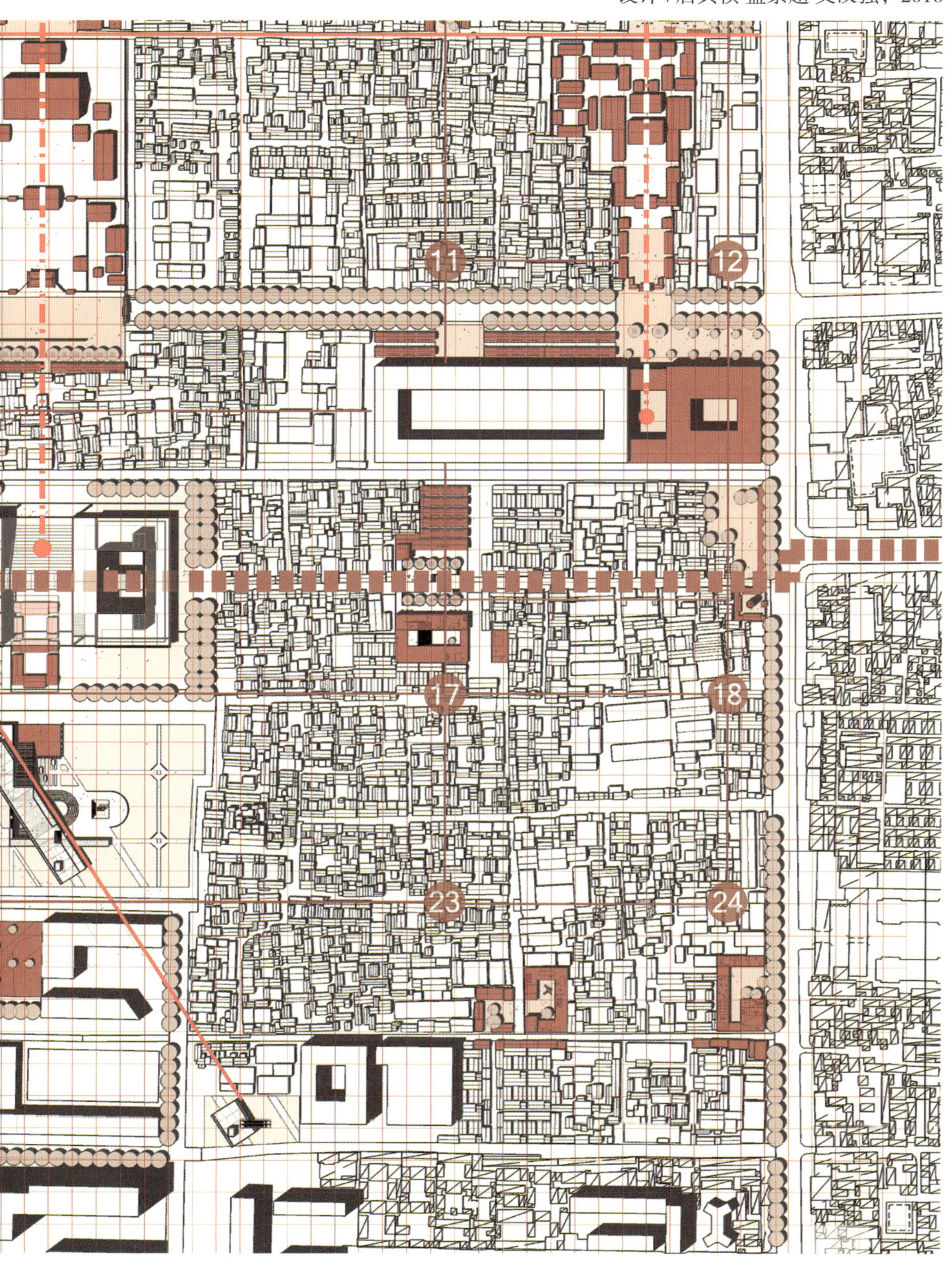

北京老城城市形态修补 | 策略之植入过渡性尺度空间

阜成门内片区更新设计

设计 | 唐其桢 盛景超 文汉强，2016

将局部设计建立在北京老城整体性的空间结构基础上，是实现北京老城整体性保护的重要手段，对传统建筑和历史城市模数的研究，并建立网格化、网络化的空间结构，既是对自身设计的内在逻辑支撑，也正是传统城市，特别是建立在礼制观念基础上的北京城的城市文化基因。开放空间或者第三种尺度和肌理模式的植入是一种弥合历史与现代的有益尝试，但也蕴含着风险和争议，当然也是机遇。

城市走廊 + 大型综合体

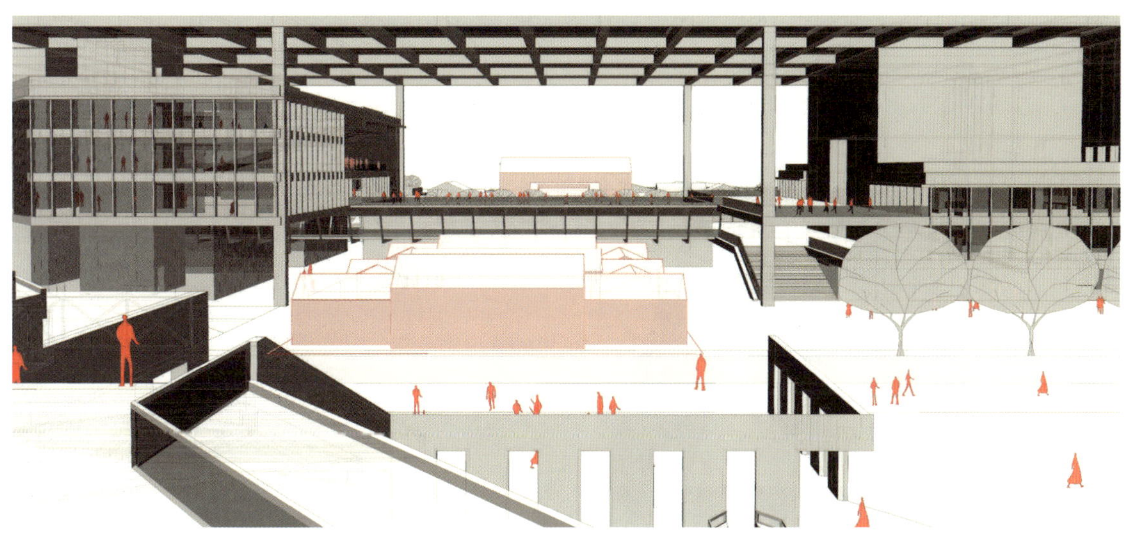

显灵宫、综合体与帝王庙

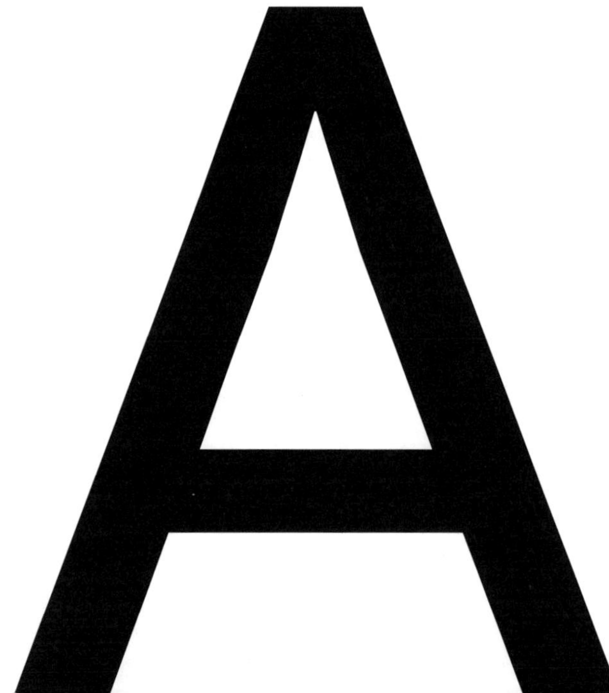

| 建筑更新 |

老北京的金鸟笼
需要的不仅是精心的擦拭
先人擘画的街巷
早已不是祖辈的起居和父辈的修葺
不选择抹去一切的大破大立
需要更大的勇气
需要洞悉遗产价值的眼光
需要正视人性本身、时代本身的从容

从生活中来
——以社区为课堂的开放式教学

设计来源于生活

鼓励学生走出课堂，走进生活

与居民面对面交流

到生活中去
回应真实生活的互动式设计——

设计回馈生活

组织居民参与社区开放日

集思广益，与学生们共同优化设计

危改 | 违改 | 微改：北京城市微更新三部曲

| 程晓青

中国城镇化进程经历了几十年的快速演进，开始进入深度发展阶段，多年积累的建筑存量问题日益凸显，逐渐取代建筑增量问题，成为提升整体城市品质的关键难点，是城市发展的重中之难：一方面，城市既有环境由于建设年代久远、基础设施落后、房屋常年失修，亟待加以改善；另一方面，城市既有环境又由于居住人口密集、社群关系复杂、建设条件受限，改造难度极高。近期，北京市针对城市既有环境开展了一系列改造实践，如：老旧住宅结构加固、外墙保温、加装电梯，社区公共空间环境整治、增设立体停车，增设养老设施和居民活动设施等，引起社会各界的广泛关注。

与新建环境规划设计不同，城市既有环境改造需要以维系现有居住为前提，实现与居民生活的和谐共生，由此带来实践的复杂性和矛盾性。虽然既有环境改造的核心目标是提升整体居住品质，但是在实践中往往会遭遇不同人群的差异化个体诉求，如何平衡群体与个体的利益冲突往往决定着改造能否顺利实现，例如：由于长期以来对于社区公共空间的模糊化管理，居民将自家居住空间外延、侵占公共空间的现象非常普遍，所以重点针对公共空间的改造往往会触及部分居民的个体利益，甚至导致整体改造受阻。因此，为了更加有效地推动既有环境改造，必须摆脱建筑师主观臆断的“理想化”设计，深入了解居民真实的生活需求，并依托居民的配合，寻找改造的内生动力，实现整体和个体利益的相互制衡。上述因素决定了既有环境改造必然需要一个渐进式的漫长过程，而鼓励居民参与的微更新是实践的必然之道。

创立于2011年的“北京城市微更新”系列课程包含三部曲，即：体制外居住、大栅栏微更新和老旧小区提升计划。该课程从困扰城市发展的宏观问题着眼，从居民生活中的微观需要入手；采用开放型教学模式，培养学生的批判性思辨能力和互动式设计思维；强调从生活中来，在深入调研中发现真实的生活需求，到生活中去，在与居民互动中共同寻找适宜的解决方案，建立积极全面的建筑观和城市观。

北京城市微更新三部曲 | 体制外居住

顾名思义，“体制外居住”（2011—2013）有两个关注点——“居住”和“体制外”，而这两点均是以快速城镇化作为背景和载体的，本课程希望学生们摆脱一味的主导式和主观式惯性思维，探索现有居住建设所未曾关注的人群和未曾发现的角落，拓展城市更新和居住建设的新理念。

体验城中村

一亩园

水磨村 2050

混合居住 MIX=MAX

生长的村落

城市外乡人

市上村

保姆窝 BMW

流动的集装箱

复合制用地

站·房

公园·家

城铁·家

城市边角地更新

为城市服务

多元化居住

灾后过渡临时安置策略

我心向西·都市中的回民社区

工业二次元

城铁·家

设计 | 王佳怡 杨睿 郑旭航，2012
探索城市交通用地的复合利用，
发挥闲置空间的居住和商业潜力

为城市服务

设计 | 张拓 肖映博 董伯许，2011
探索公共用地与居住用地的叠加
可能性，提高城市土地的使用效率

城市边角地更新

设计 | 雷楠 张冰洁，2012
基于社区服务功能的完善，探索
城市无法规划用地的居住利用模式

工业二次元

设计 | 张冰生 朱琳，2012

建构在城市工业遗址上的“动漫”社区

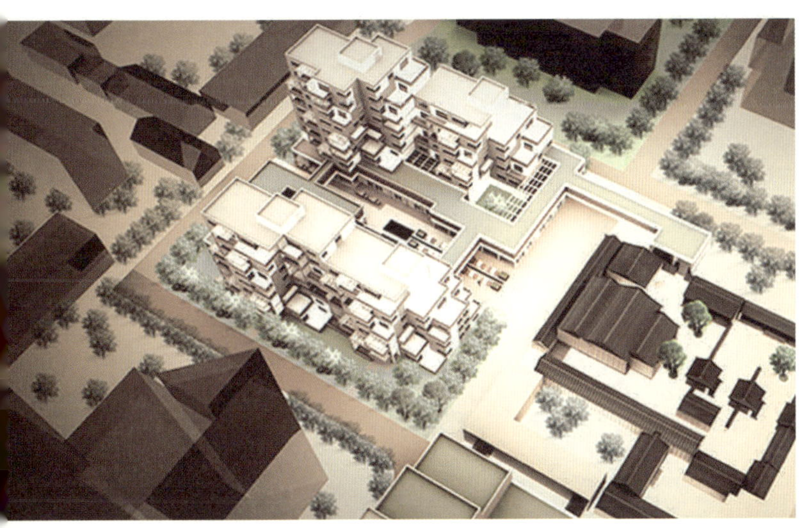

我心向西 · 都市中的回民社区

设计 | 孙逸琳 陈飞，2013

穆斯林居住模式探索与社区营造

公园 · 家

设计 | 姜丽萍 柏佳辰，2013

基于原住民保留，探索城市绿带的居住复合利用策略

保姆窝 BMW

设计 | 张博 李佳婧，2012
利用老旧小区的闲置空间，探索城市服务人群低成本居住解决方案

水磨村 2050

设计 | 杨施薇 崔敏，2012
基于原有宅基地划分和对现状的尊重，探讨城中村自下而上式更新

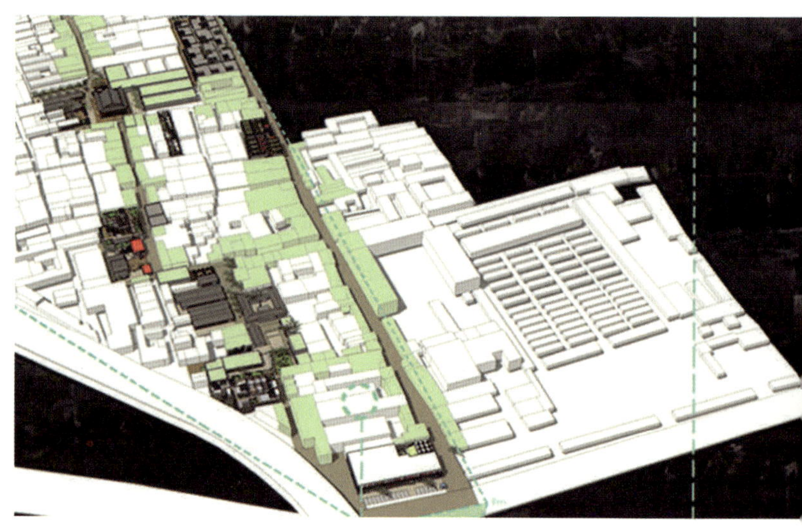

一亩园

设计 | 殷云婷 张桂，2013
城中村的“点穴式”渐进更新方案

混合居住 MIX=MAX

设计 | 孟宁 王鑫宇 孟璠磊 高劼，2011

探索城中村发展活力与混合居住模式的内在联系

生长的村落

设计 | Milène Xu 吴海明 缪一新，2011

探索高密度聚居下的建筑自发生长动因和规律，优化城中村更新策略

灾后过渡临时安置策略

设计 | 张笑彧 陈寰宇，2013

自然灾害应急阶段和重建阶段的居住模式探讨与解决方案

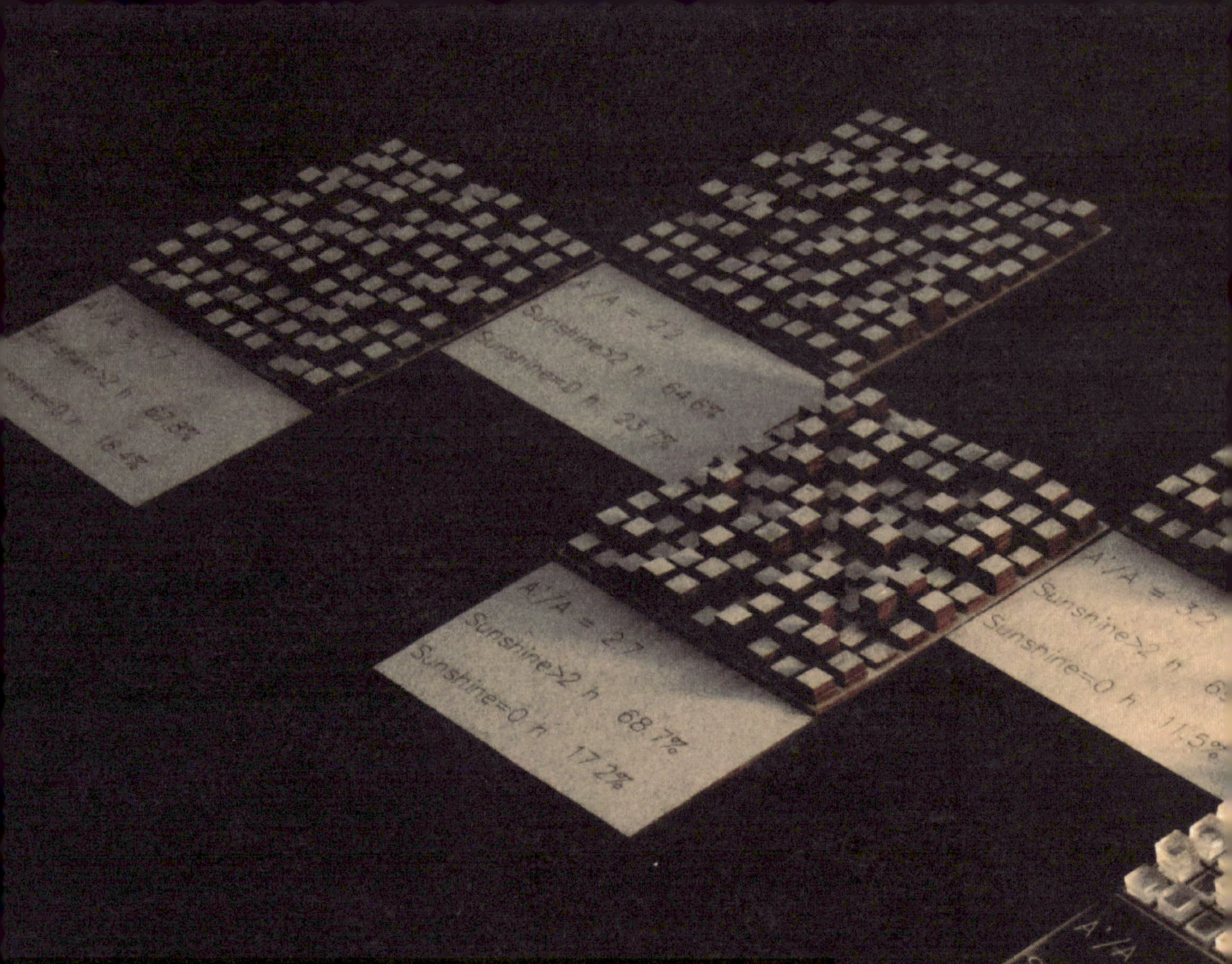
A'/A = 2.7
Sunshine>2 h 68.7%
Sunshine=0 h 17.2%
Sunshine>2 h 64.6%
Sunshine=0 h 23.7%
Sunshine=0 h 11.5%

Sunshine=0 h 9.8%

城中村现状环境

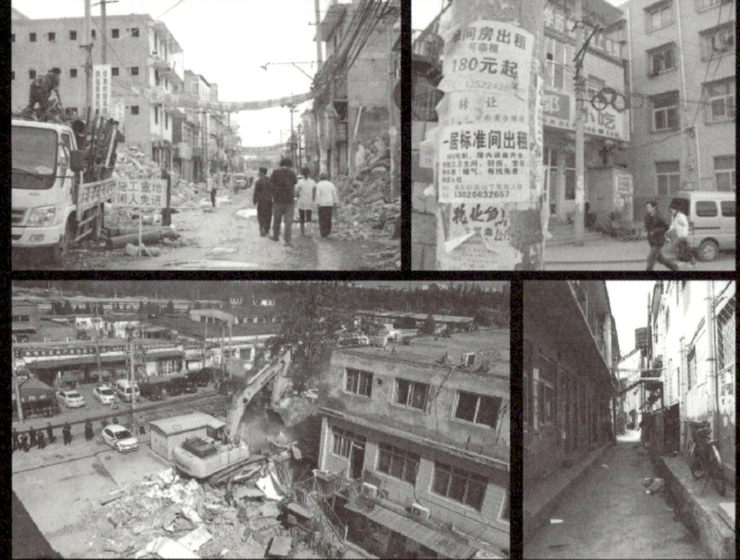

生长的村落

设计 | Milene Xu 吴海明 缪一新，2011

快速城镇化吞噬了周边村落的耕地，仅仅保留宅基地供村民建房自住，这些被城市包围的农村即城中村。城中村规划布局无序，管理混乱，基础设施缺失，消防治安问题突出，居民生活品质低下；同时城中村又提供了无可替代的低成本居住区，表现出自然生长固有的活力。

街道曲折狭窄

混乱地堆放着杂物

私搭乱建占用街道宽度

广告牌杂乱

临街面有外廊

多采用室外楼梯

外廊种植物

水管、电线杂乱

水磨村 2050

设计 | 杨施薇 崔敏，2012

本设计通过对水磨村的深入调查，了解到其存在的问题。试图以建筑师辅助、村民自发改建的方式，将原本脏乱差的城中村逐渐变为一个充满人情味的，为蚁族、大学生、小白领们提供居住、交流、娱乐、餐饮、展览等服务的商住混合区。

外的违章房屋　占用街道宽度的搭建物

超过限高的房屋

街道宽度不足6米处的房屋

结合楼梯设置储物

结合绿化设置储物

结合立面设置储物

结合公共空间设置储物

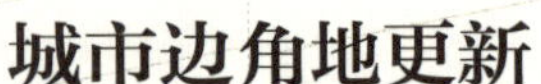

城市边角地更新

设计 | 雷楠 张冰洁，2012

本设计以城市中无法被合理规划利用的土地——边角地为突破方向，通过调研，设计者发现了其中蕴含的商业价值和额外的居住需求，因而策划了一整套“开发模式”：沿街设定商住空间，加建部分置入公共模块，并对底层居民补偿。通过对边角地精细化设计，不仅增加新的建设机会，也改善周边小区的居住环境，实现双赢。

用地环境现状

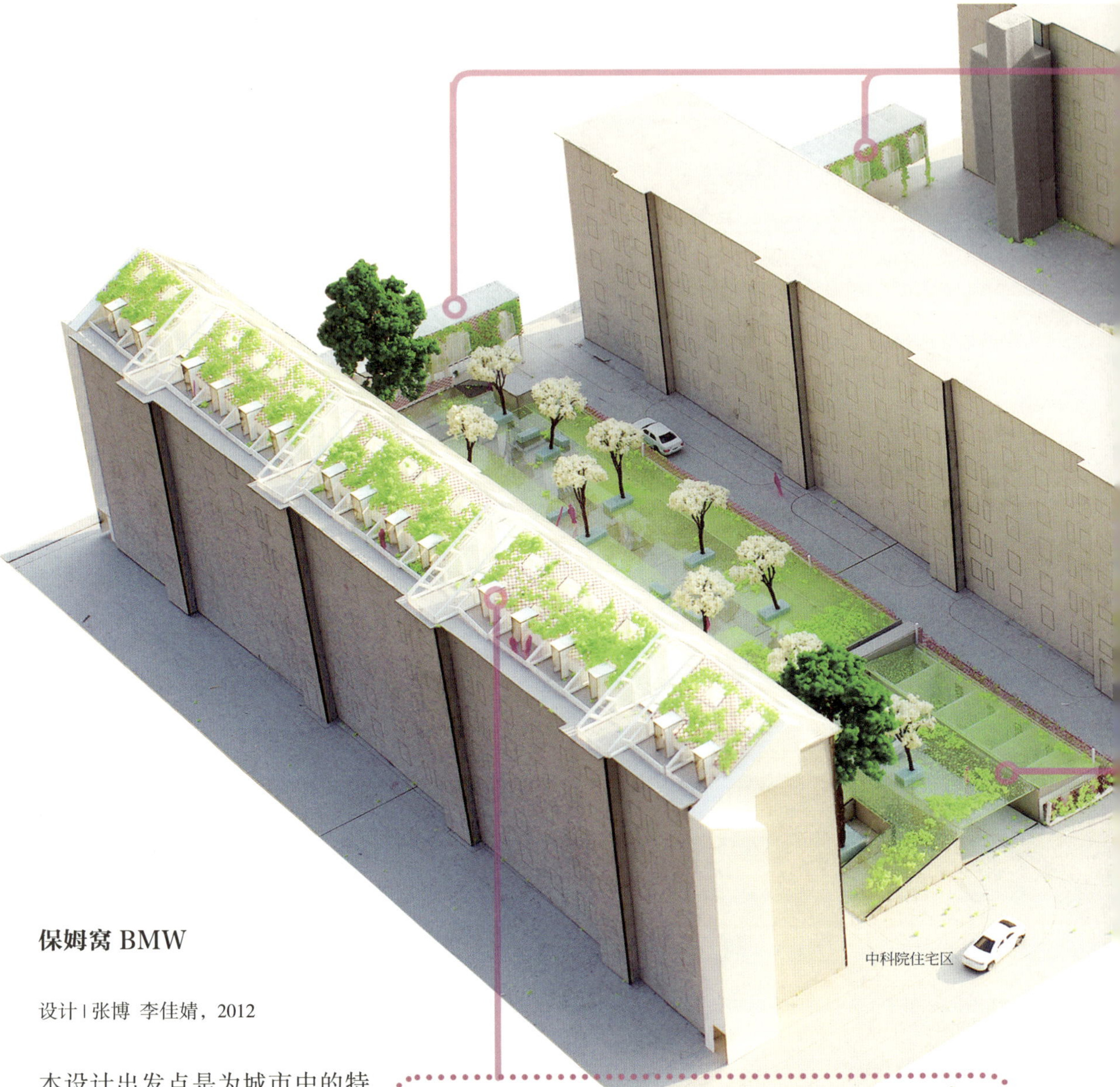

中科院住宅区

保姆窝 BMW

设计 | 张博 李佳婧，2012

本设计出发点是为城市中的特殊人群——保姆们寻找一个独立于雇主的安居之所。经过几轮调研，设计者聚焦于北方常见的行列式多层住宅小区。在这样的老旧小区中，老人相对集中，保姆需求量大，然而雇主本来居住面积就十分有限，因此难以给保姆提供基本居住条件。设计者结合小区规划特点，提出了五种可能的解决方案。

模式五：平改坡

机会空间：屋顶

结合功能：太阳能热水器

机会用地分析：
简单行列式住宅普遍可以进行屋顶平改坡改造，同时可结合太阳能热水器，改善建筑热工性能和第五立面。

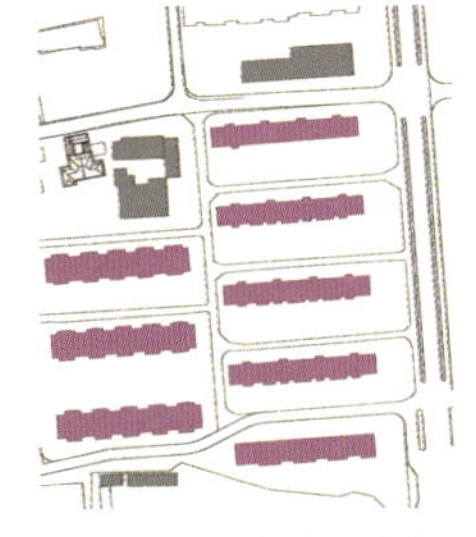

清华南区（粉色为可改造）

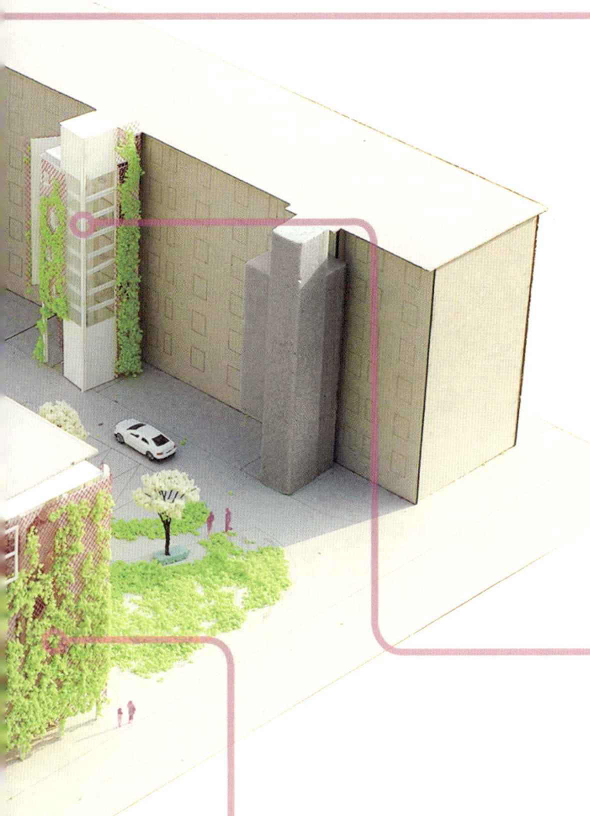

模式一：自行车棚改造

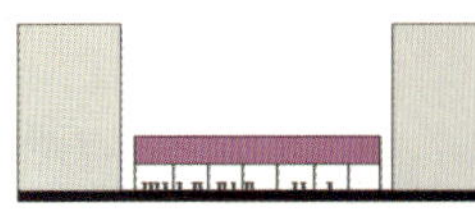

机会空间：小区边界

结合功能：自行车棚

机会用地分析：
分布在小区边界或围墙，建筑之间的自行车棚可进行改造，而在院中的自行车棚对小区景观影响大，故不考虑改造。

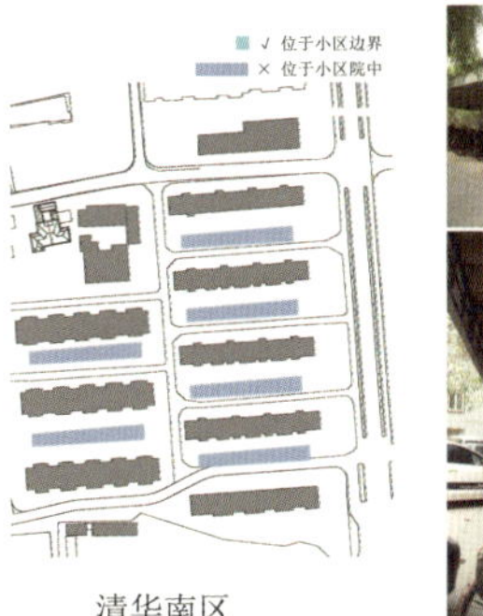

清华南区

模式二：电梯加建

机会空间：单元入口

结合功能：电梯，临时住

机会用地分析：
随着人口老龄化，北京普遍进行老旧小区电梯加建，为老人设置无障碍设施。而保姆屋可附着在电梯旁，同时可为小区居民居住。

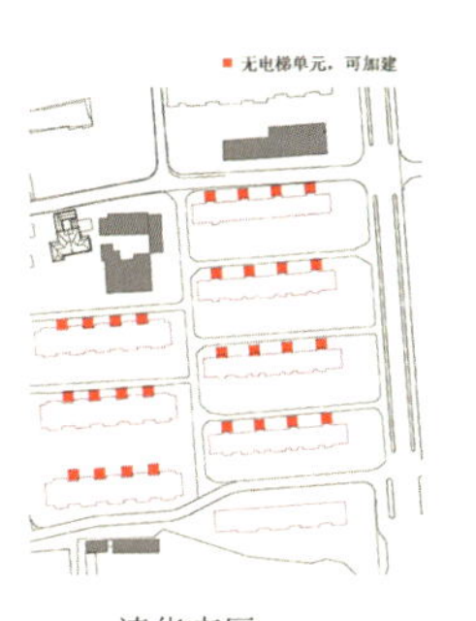

清华南区

式四：车场改造

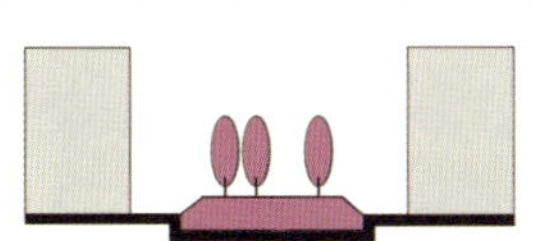

间：院子

能：绿化、停车

地分析：
之间院中普遍存在较少和占用绿化的利用半层下沉和绿，结合绿化和地下同时利用停车场难空间布置保姆屋。

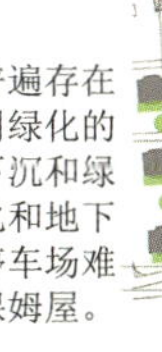

清华南区

模式三：山墙加建

机会空间：山墙

结合功能：楼栋标志

机会用地分析：
在符合消防间距和无开窗的山墙可进行加建。不符合消防间距或间距过小的山墙不可加建。同时可结合楼栋标示功能。

清华南区

胡同里的苦

胡同里的乐

北京城市微更新三部曲 | 大栅栏微更新

“大栅栏微更新”（2014—2016）聚焦北京大栅栏历史文化街区，鼓励学生从建筑学和社会学的多元视角出发，挖掘传统城市文化的现代价值，发现原住居民生活的真实需求，呈现在历史保护背景下改善居住环境的设计思辨与大胆探索。

极限居住设计

大栅栏的低洼院

大栅栏的四世同堂

大栅栏的筒子楼

大栅栏的自建房

传统技艺延续

大栅栏的手艺

大栅栏的买卖

大栅栏的角儿

大栅栏的鸽子窝

基础设施改善

大栅栏的小厨房

大栅栏的柴米油盐

大栅栏的厕所革命

大栅栏的童玩儿

更新模式探索

大栅栏的大杂院

大栅栏的院儿

大栅栏的折叠院

“微杂院”的微更新

大栅栏的幼儿园

设计 | 王炜 孙喆，2016

探索利用典型狭小院落建设儿童居住和活动空间的方法，为孩子们营造梦幻般的游戏乐园

大栅栏的手艺

设计 | 窦森 卢清新，2015

结合传统手艺人居住和工艺需求设计的一系列集居住和工坊为一体的“手艺匣子”，成为胡同新文化地标

大栅栏的柴米油盐

设计 | 郑远伟 徐晓萌，2015

探讨居民自建小厨房的问题，引入标准化、整体式厨房的设计概念，实现厨房空间最小化

大栅栏的自建房

设计 | 王辉 奥京，2014

探索居民自建房的空间弹性转化技术，解决拓展个体居室面积与保证公共院落空间的矛盾

大栅栏的四世同堂

设计 | 孔令晨 查皓淳，2014

探索在十余平方米的极限空间中如何实现有尊严、有隐私的多代混住模式

大栅栏的买卖

设计 | 范若冰 刘琳，2015

通过分析买卖人家窘迫的空间，提出可以灵活转换的家具设计，实现居住和商业空间的双重最大化

“微杂院”的微更新

设计 | 叶云昭 于洋，2016

以“微杂院”为背景， 探索城市更新过程中的原住民与外来户、普通民宅与建筑名作、个人隐私与公众关注、保护与更新的和谐共生

大栅栏的低洼院

设计 | 秦岭 陈瑜，2014

探索低洼院的适老化高差解决、雨水利用与排放、居室采光优化和厨卫设施改善等技术解决方案

大栅栏的厕所革命

设计 | 金爽 周宇凡，2016

采用最小化的如厕单元，解决通风、采光和生态降解等关键难题，使其真正成为胡同里的“方便”之处

大栅栏的鸽子窝

设计 | 韦拉 李佳楠，2016

关注养鸽人，运用新型材料和安全工法设计多种新型鸽子窝，为北京保留悠扬的鸽哨之音

大栅栏的筒子楼

设计 | 陆滢秀 杨天宇，2014

针对筒子楼的空间特点和居民的切实需求，提出优化居住空间、改善公共空间的解决方案

大栅栏的大杂院

设计 | 唐丽 徐亮，2014

针对由于部分居民腾退所回收的零散房源，大胆引入青年公寓，提出了连锁出租屋的利用模式

大栅栏的角儿

设计 | 孙玮 付文杰，2015

以程长庚故居为研究对象，提出渐进式还原概念，逐渐清理院中的私搭乱建，最终实现故居的全面复原

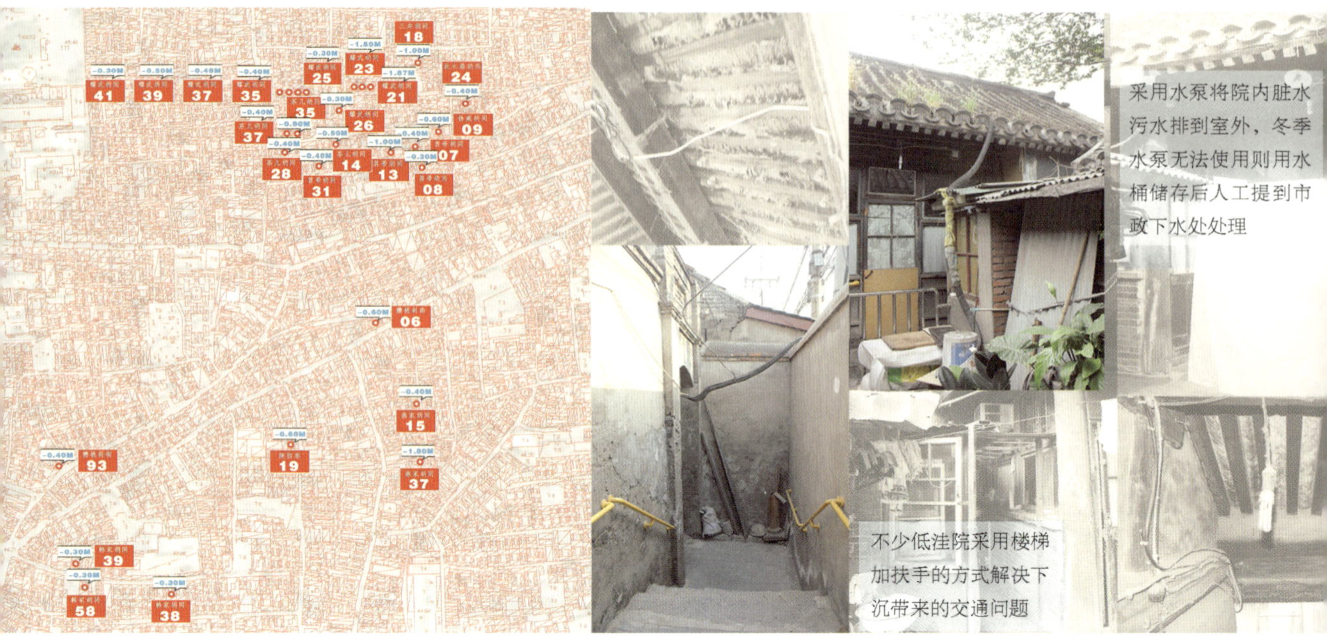

大栅栏低洼院现状分析

改造后剖面图

大栅栏的低洼院 |-1.87m

设计 | 秦岭 陈瑜，2014

耀武胡同 21 号是大栅栏 27 个低洼院的典型代表，院落内部地平低于外部胡同 1.87 米，沿街的房屋已经一半沉入胡同地面以下。现居住着一对兄弟夫妇、两个家庭，均已年过六旬、腿脚不便，日常出行和夏季内涝成为老人们生活中的最大难处。设计重点从适老化高差解决、雨水利用与排放、居室采光优化和厨卫设施改善等方面着手，探索了多种技术设计方案，得到了老人们的高度认可。

大栅栏的厕所革命

设计 | 金爽 周宇凡，2016

以公共厕所为研究对象，通过对大栅栏现状厕所普查，对其分布、类型、尺寸归纳分析。根据人口匹配厕所数量；结合步行距离，调整分布密度；结合现代技术设计最小如厕单元通风、采光、生态降解等难题；引入大栅栏特色生活文化符号；置入绿化、路灯和宠物厕所等公共服务功能：使其真正成为胡同里的“方便”之处。

胡同里公共场所现状分析

44
44
15
147
2
老北京的手艺，让您大开眼界
理发
做衣裳
毛猴
皮影戏
手工鞋
2
7
50
19
2
手工笔
治木
木板年画
兔儿爷
铁艺宫灯

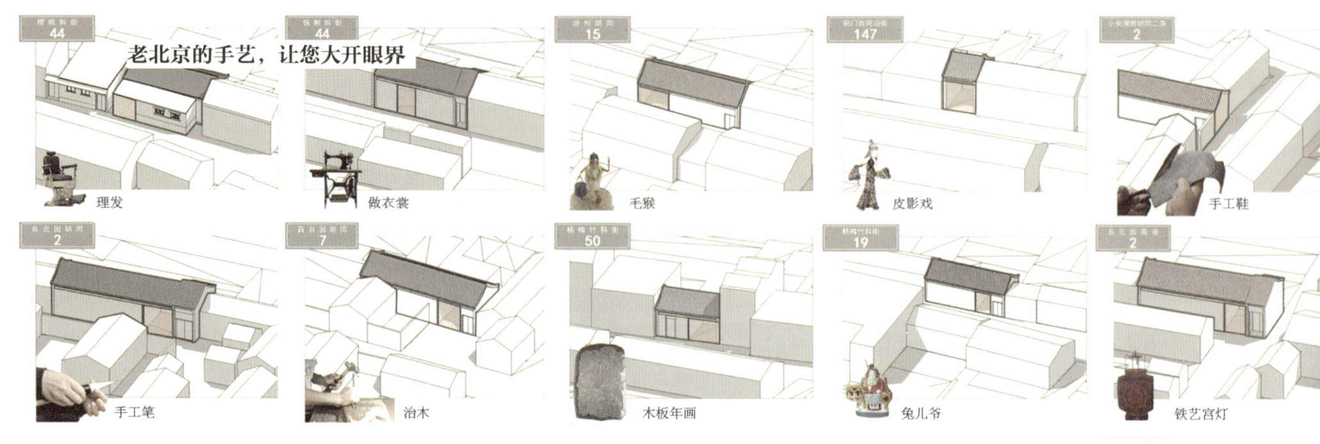

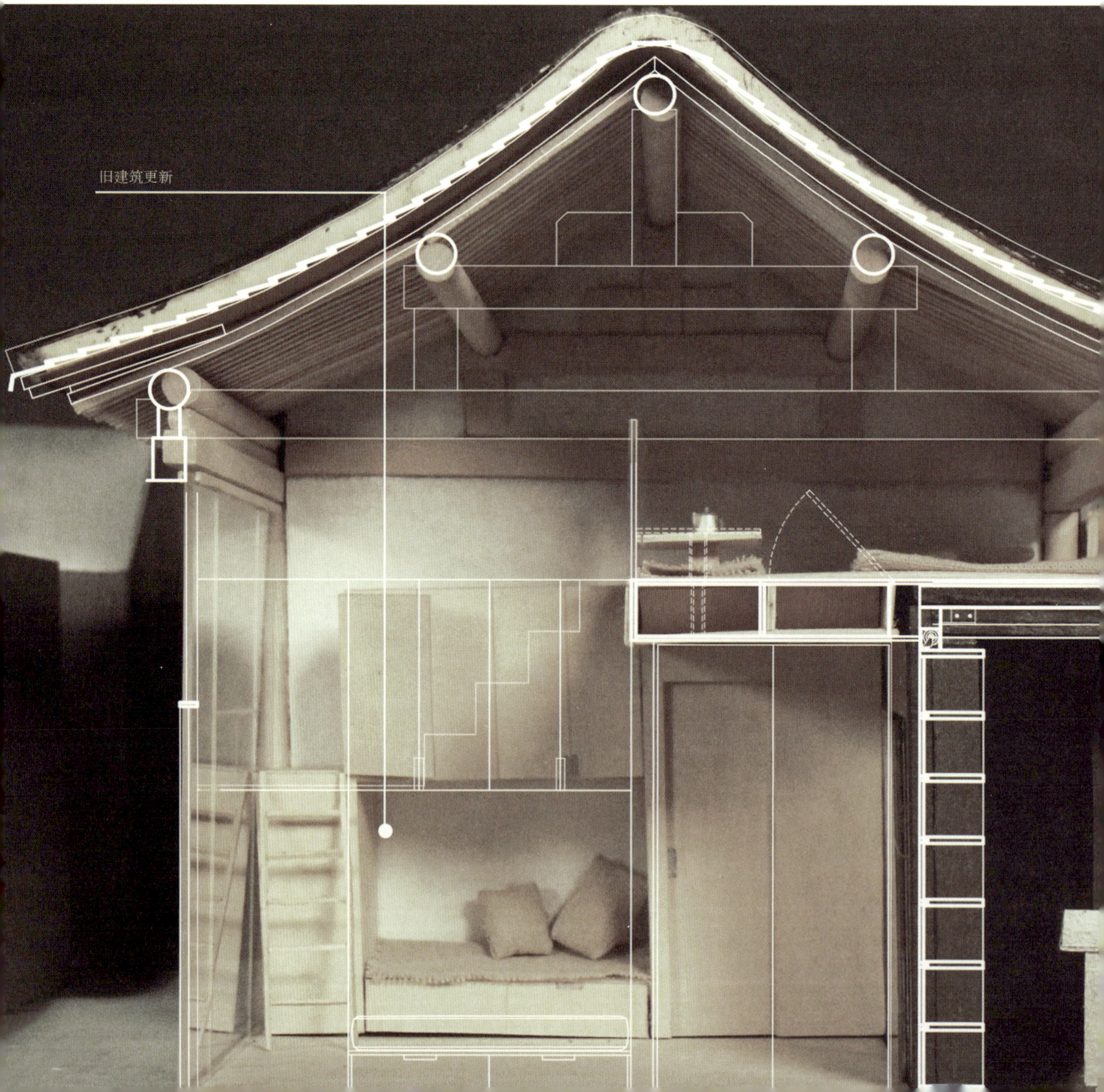

旧建筑更新

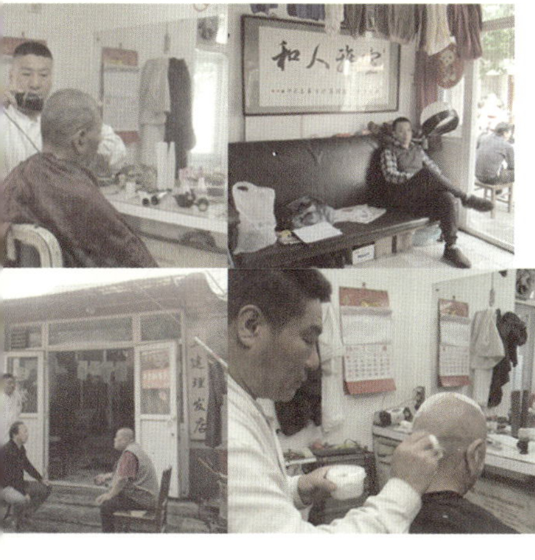

大栅栏的手艺

设计 | 窦森 卢清新，2015

大栅栏曾经云集了北京众多的传统手艺人，现在仅存的少数人虽然已经赋闲在家，但是仍希望能够展现他们的“绝活”，并传承给下一代。他们的住房大多是居住工作空间合二为一。本设计为胡同里一位知名的传统剃头匠的工作和生活店铺进行空间优化，使小小的理发店在日间成为社区的开放客厅，在夜间则成为老手艺的展示橱窗。同时，还结合不同工艺需求，设计了一系列散落在胡同中的“手艺匣子”，成为新的文化地标。

新匣子植入

“微杂院”的微更新

设计 | 叶云昭 于洋，2016

探索了城市更新过程中的多元共生现象，以建筑师张柯的获奖作品“微杂院”为背景，以至今仍然生活在其中的原住民老王作为研究对象。作者通过多次交流，与老王建立了相互信任的关系，深入了解其对未来生活的担忧，进而完成了一系列改造设计。

社区百变節
富国里——社區健身房
START
15m
30m
一條跡道
六九節點
120m
200m

北京城市微更新三部曲 | 老旧小区提升计划

“老旧小区提升计划”（2017年至今）以位于北京核心区的几个典型老旧小区为研究对象，鼓励学生针对困扰居民生活最突出的人车交通冲突、公共空间侵占、绿地利用不佳、服务设施缺失和邻里关系紧张等关键问题，提出环境改善的设计理念和社区重建的解决方案。

活化消极空间

富国里的游乐场

长西交通改造导则

八角游乐场

挖掘在地文化

富国里的社区客厅

长西会馆

重建社群关系

一个方盒子的社区属性

长西居民服务中心

梳理交通动线

长西交通改造导则

富国里的游乐场

设计 | 丁剑书 李馨，2017

从社区公共场地改善入手，发掘消极空间，增加休闲漫步道、健身器械区等设施，营建积极的社区环境

富国里的社区客厅

设计 | 文汉强 杨亚楠，2017

从闲置用房改造入手，解决生活配套和养老服务设施严重缺失问题，营造适合全龄人群活动的社区客厅

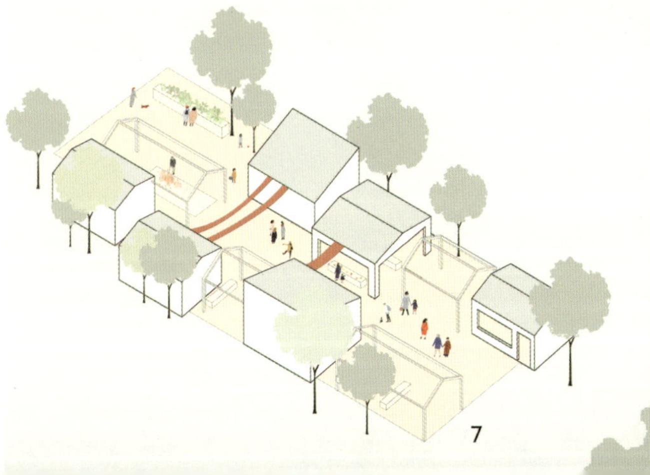

长西交通改造导则

设计 | 陈晓眉 代福博，2018

从交通问题入手，提出调整路网体系，优化道路断面，改善停车环境，实现人车分离的安全出行环境

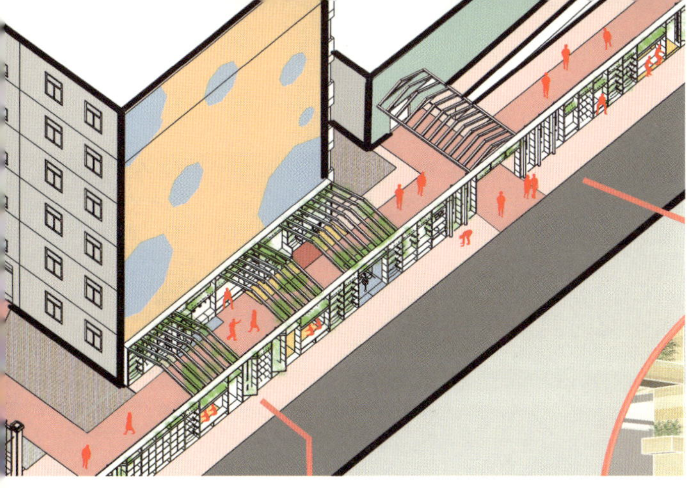

八角游乐场

设计 | 秦朝 黎桑，2018

从社区消极空间活化入手，发掘山墙边角的空间，通过增加集市街道、锻炼休闲区等设施，营造活跃的社区氛围

长西居民服务中心

设计 | 金贤真 罗继朗 赵恩良，2018

将原来的菜市场、居委会和小旅馆等老旧设施整合，并进行适老化改造，为社区提供一个真正便民集约化的服务中心

长西会馆

设计 | 苏程 郝奇，2018

一方面着眼闲置地下空间的改造，另一方面挖掘场地文化之根，重塑社区集体记忆，营造独特归属感

一个方盒子的社区属性

设计 | 韩昊庆 郭世玉，2017

以休闲小品建设入手，探讨个体空间与公共空间边界的刚柔转换，以一个造型极简的方盒子作为载体，重建社群关系

富国里的游乐场 | 活化消极空间

设计 | 丁剑书 李馨，2017

针对老旧小区中由于机动车增加所带来的人车交通混杂、公共场地被侵占的问题，从公共场地改善入手，发掘边角消极空间，增加休闲漫步道、健身器械区、露天电影场等类型丰富的活动场地，并发动居民参与美化涂鸦，捐献家中旧物进行改造，共同营建积极的社区环境。

结合互动中居民提出的改善停车问题的愿望，在设计深化阶段还重新梳理了小区交通体系，实现人车分流；优化主干道路断面设计，增加路边停车和立体停车，提高户均车位配比；调整绿化设计，改良植被种类，提高绿地利用率，为居民提供安全、舒适的活动场所。

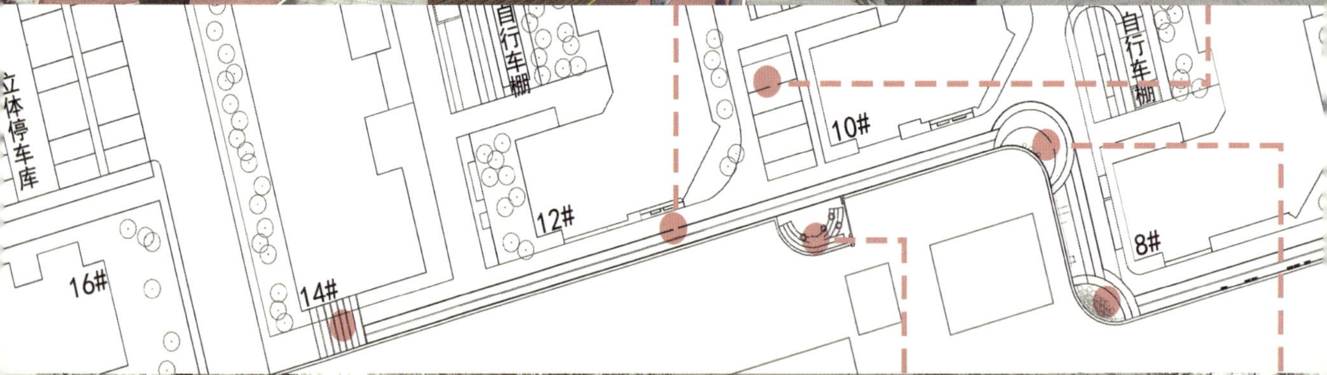

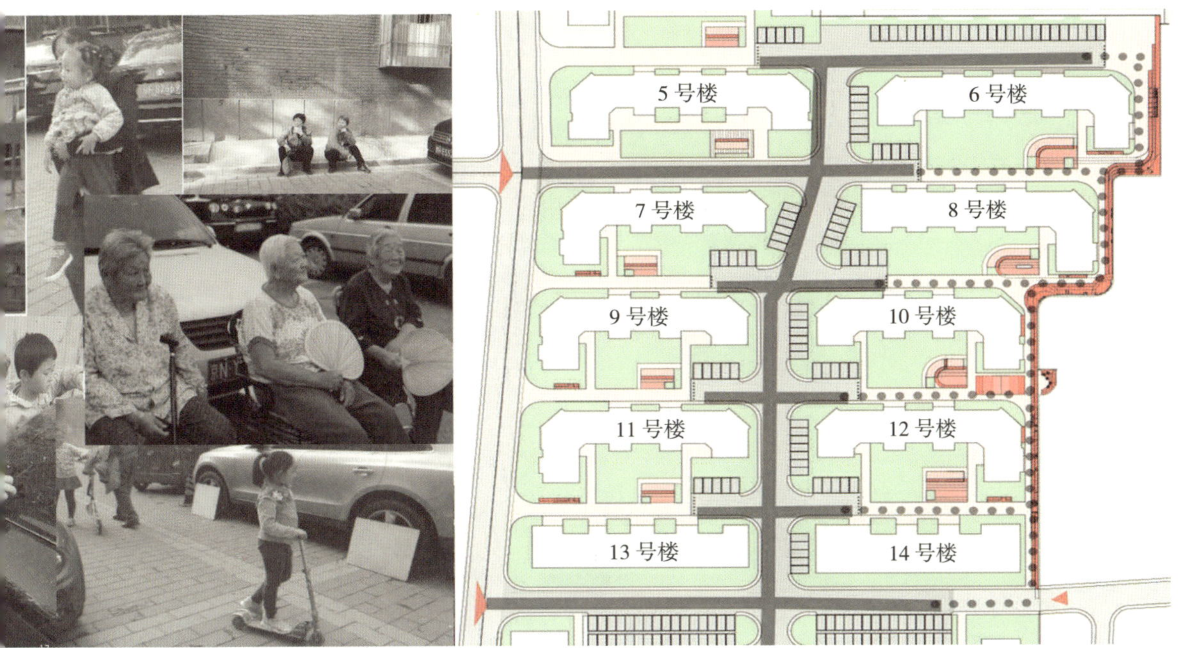

设施设计

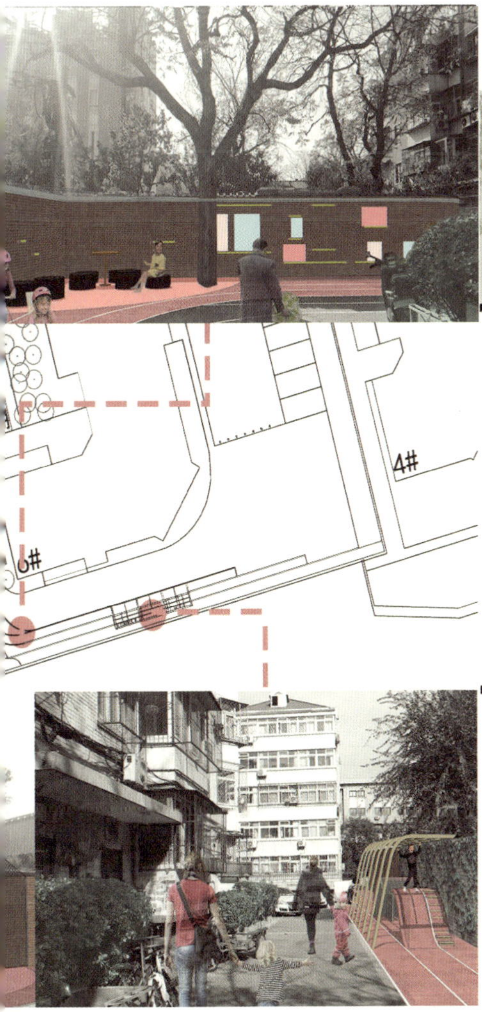

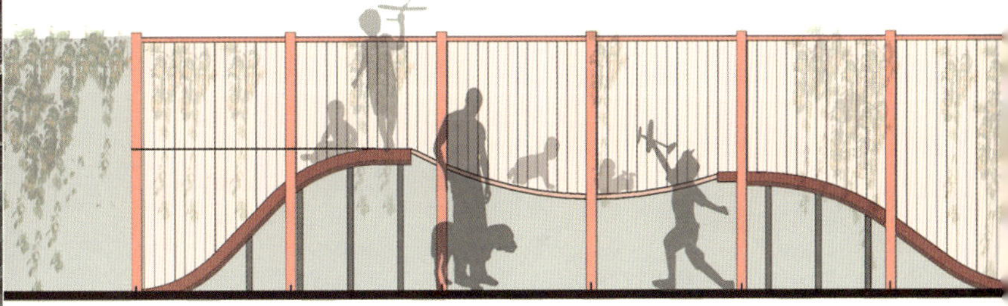

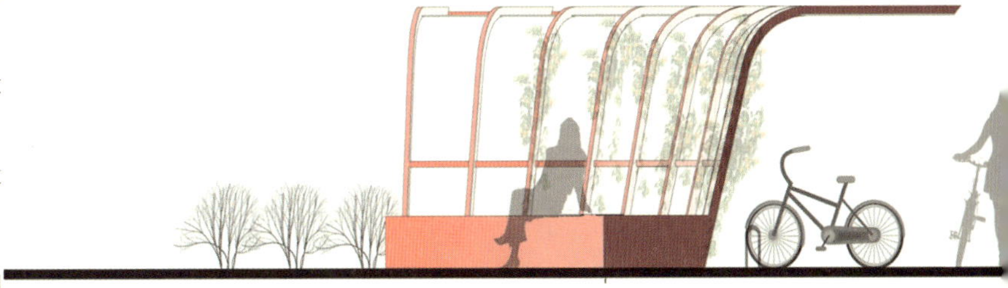

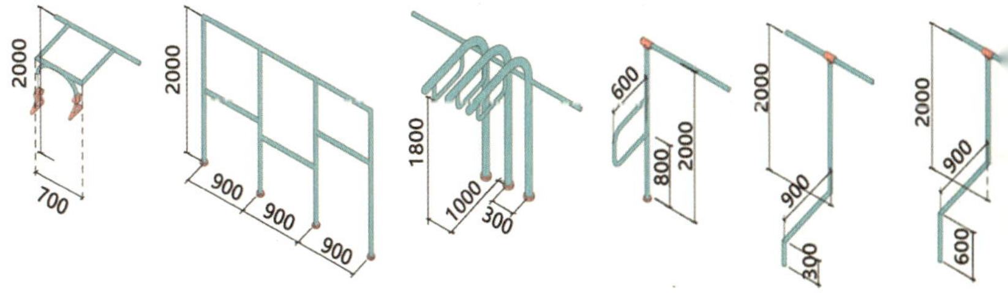

【前世记忆】——护城河

A：爷爷～这些照片是什么呀？
B：这些照片是我们长西的文化之根呐，想当年我们这里是鼎鼎有名的前三门护城河呢，虽然现在好多人不知道了。
A：哇！听起来好有意思呀！
原来闲置的地下车库改成了文化长廊，很有意义的改造，我们经常过来看看书。
A：上呀！斗它！
B：别怂！你可以的！
A：哈哈哈，我赢啦！
B：得，我愿赌服输。
文化长廊

长西会馆｜挖掘在地文化

设计 | 苏程 郝奇，2018

针对社区生活配套设施严重缺失的问题，从闲置用房利用入手，一方面，通过改造住宅地下室，利用现代技术改善室内环境，优化采光和通风条件；加设坡道和电梯等无障碍设施，方便老年人通达，建设老少咸宜的公共活动空间。另一方面，通过在地文化的挖掘，将基地中原有盖板河的历史信息作为丰富设计的依据，在室内设计中融入河流、码头和四合院等典型传统文化符号，营造富国里独有的文化自信。

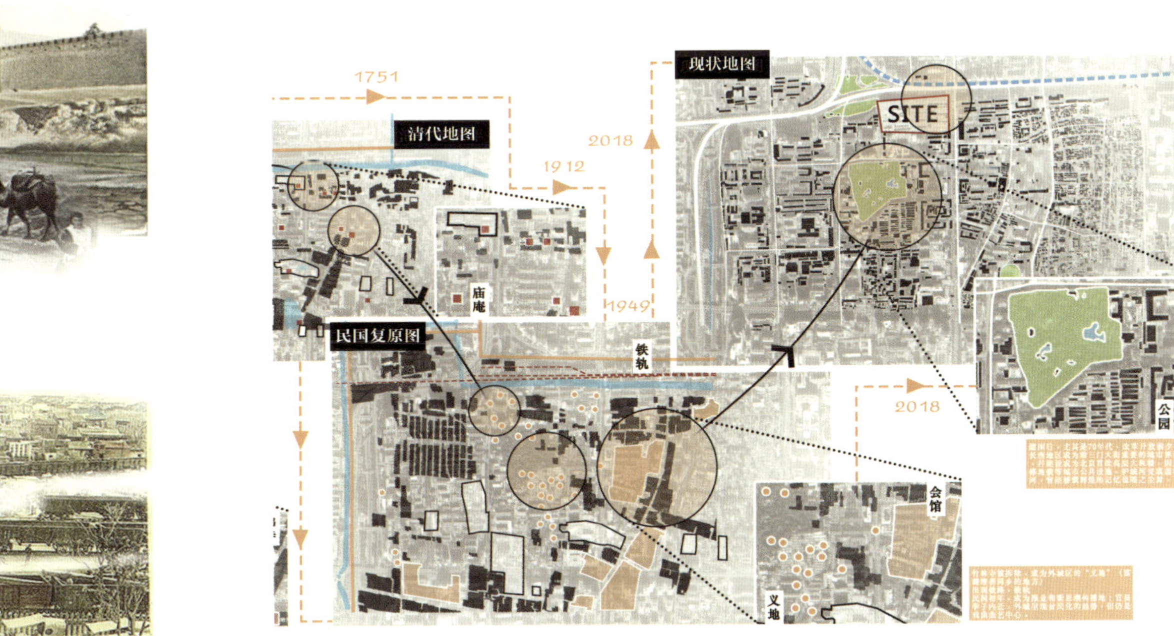

售卖空间

阅读空间

老年

棋牌空间

阅读 + 棋牌

小型

乘凉空间

阅读空间

阅读 + 补习

休闲餐桌

社区

一个方盒子的社区属性 | 重建社群关系

设计 | 韩昊庆 郭世玉，2017

针对原住民外迁和外来户涌入所带来的邻里关系破裂、社区归属感淡漠的问题，以休闲小品入手，探讨个体与公共空间边界的转换，以方盒子为载体，创造自由的交往平台，希冀在自发交往中产生新社群关系。在设计深化阶段借鉴“互联网 + 社区”的概念，提出标准化、产业化的实施方式和共享的管理理念，在老旧小区改造中具有广泛的推广意义和创业机遇。

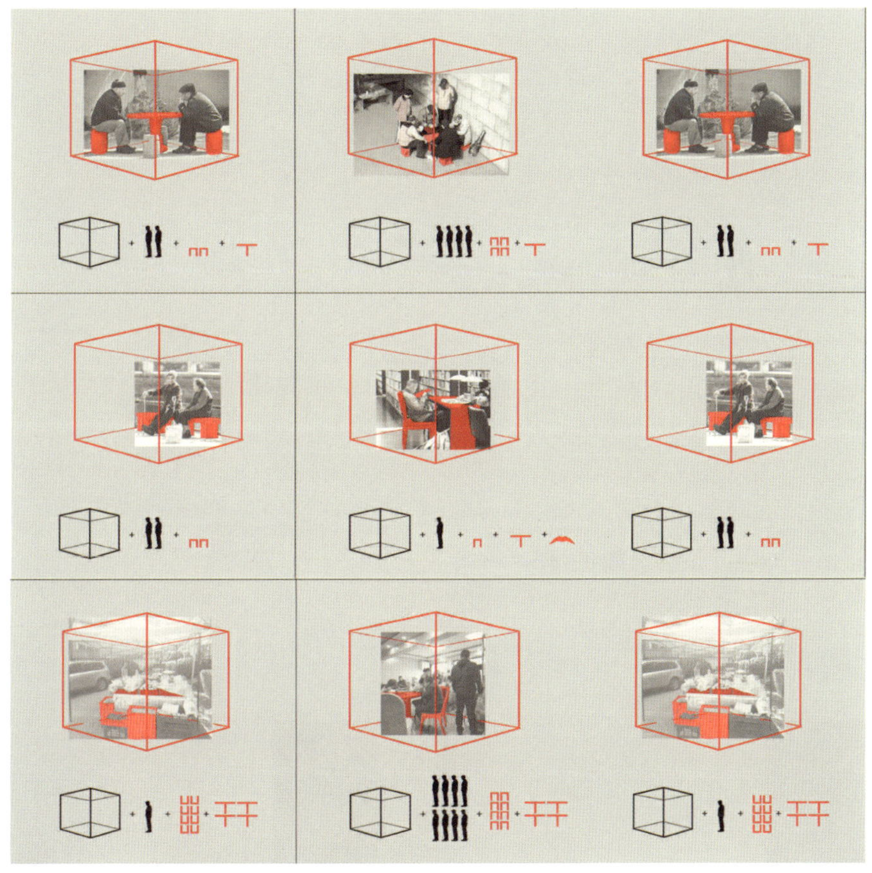

| 历史探微 |

北京建筑的历史，与北京建筑设计的历史

以及二者之间的物质文化连缀

是我们的史学关注

从需求到建筑的功能形式与工艺

从帝王的构想到权臣的擘画再到样式房的落实

走在精神与物质之间的人群和个体

是穿越千年的借鉴

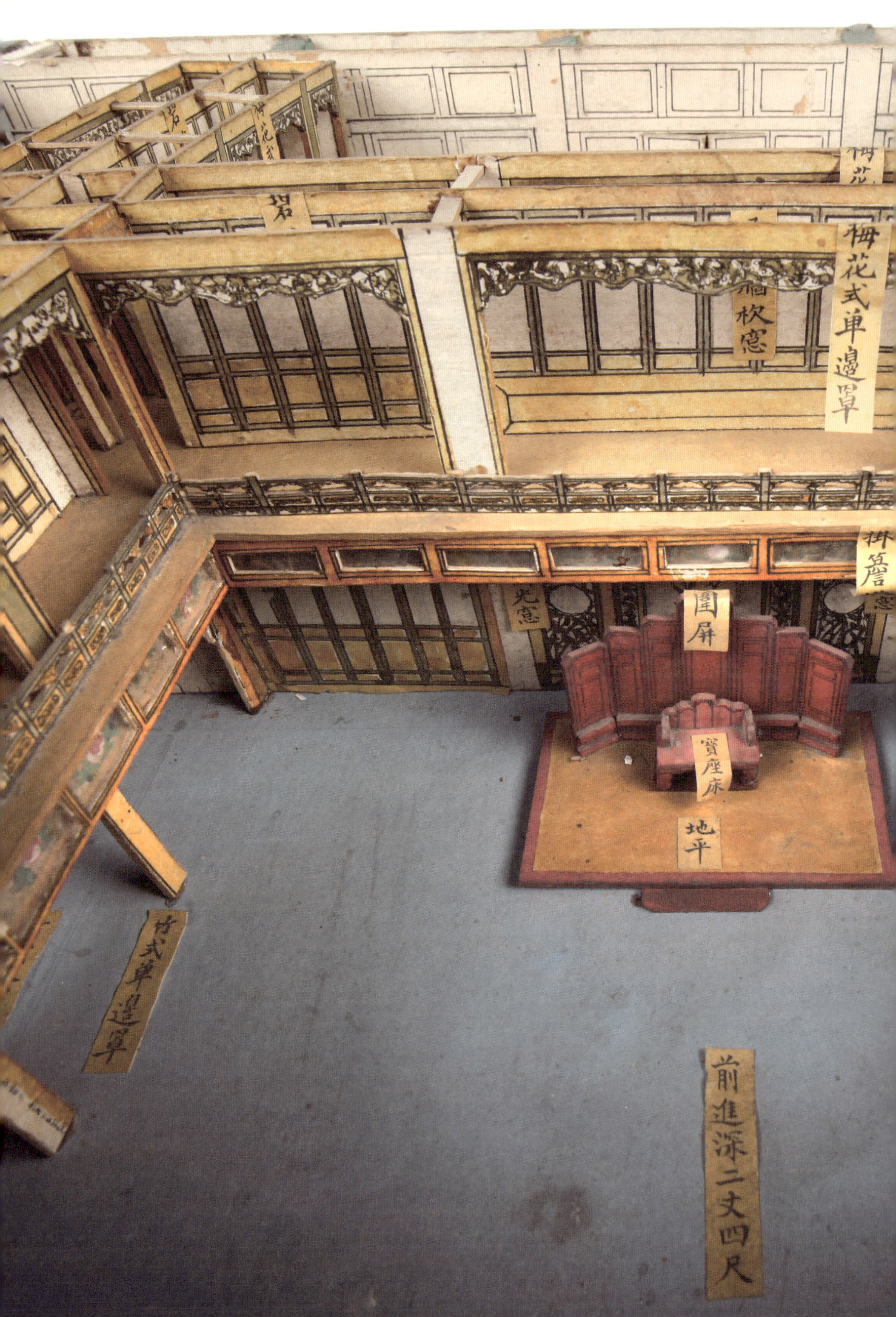

梅花式單邊罩
圍屏
寶座床
地平
竹式單邊罩
前進深二丈四尺

古代建筑的传统文化解读

丨刘畅

样式雷第一代在北京服务宫廷建设的年代，克里斯托弗·仑已经和罗伯特·胡克一起谋划了圣保罗大教堂穹顶内部的悬链曲线；东方的传统依然如大树年轮一般步调平缓地生长的时候，西方的建筑设计技术、媒介、专业配置仿佛一下子经历了一场爆炸。或许正是那场爆炸一样的发展，指引了后来梁思成一代漂泊求学，然后再从西方的视角重新审视东方的传统。

端详保留至今的清代后期的座座烫样——有陵寝，有苑囿，有宫庭殿宇；抚摸样式房匠师当年亲手制作的模型——有屋顶，有斗栱，有内檐装修。颜料、沥粉、纸张、糨糊、木框和水胶，是当年建筑师来自于工匠的手艺；地盘样、立样、线法，踏勘、糙样、底样和进呈样，是他们区别于其他工匠的本领；瓦、木、石、扎、土、油漆、彩画、糊，是他们必须掌握的现场做法。是社会这只无形的大手，塑造建筑设计者的地位、技术、教育和人格；是社会这座森严的金字塔，在建筑基础需求之上，负载了太多制度和需求。

北京留给我们的有建筑实物，更有大量的建筑文字档案、图样、烫样，直指建筑设计的核心，直达设计者内心，印出他们的指纹。一下子，书斋中的嫣然自语，一下子有了街头巷尾的回声。

故宫馆藏圆明园西路万方安和烫样

烫样内部结构清晰，与图纸相互吻合

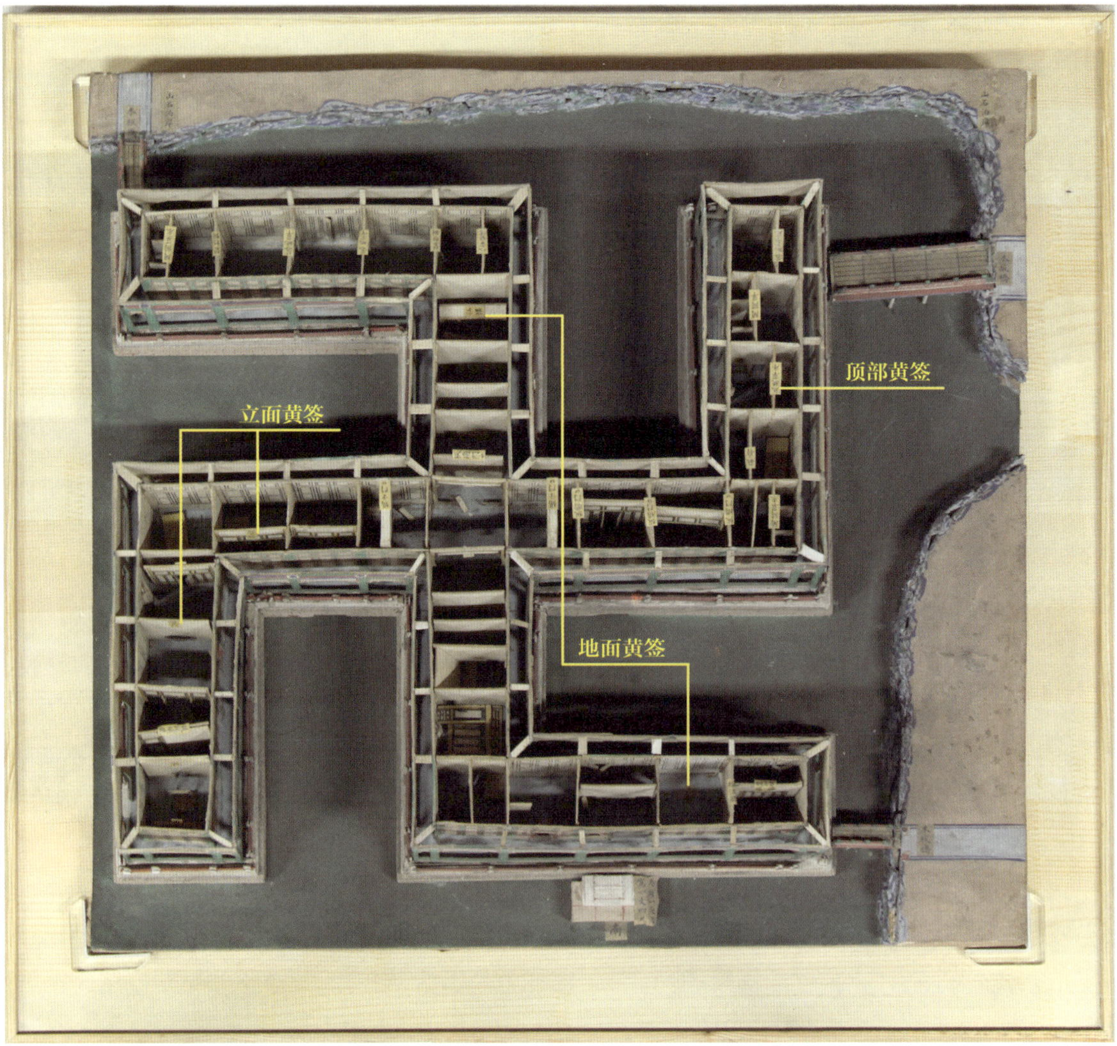

立面黄签

顶部黄签

地面黄签

明喜棚烫样

烫样内部装饰精美清晰呈现建成效果

第 3 维

营造维观

第 3 维 | 建造实践

G

| 规划导则 |

探索综合整治的有效工作机制

梳理现有制度下的老旧小区综合整治实施程序

探索改造前、改造中、改造后的社会参与方式

北京市西城区老旧小区综合整治导则编制

针对什么对象

城市住宅
新建公房
平房
筒子楼
成套房

编制团队：黄鹤 张璐 刘杨凡奇 秦鹏宇 周雅青

面向综合整治的未来增长需求：一方面，建设年代较早、建设标准较低且日渐老化的老旧住宅客观上已经不能满足当今生活的需求；另一方面，老旧小区中的居民已逐步进入老龄化，小区中基础设施薄弱、无障碍设施不规范、配套设施不完善、管理服务机制不健全等问题逐渐暴露出来。为了应对上述问题，需有序开展老旧小区综合整治工作。

明确综合整治的重点工作对象：通过梳理北京住宅规划建设历程和更新改造历程，梳理主要的住宅类型及其改造需求，明确其中作为综合整治主要对象的类型及其特征，明确老旧小区的定义并识别西城区老旧小区的数量和分布。

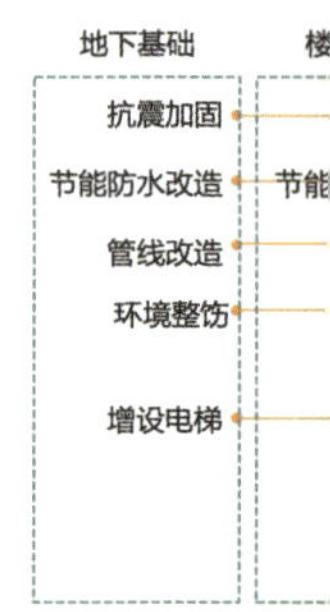

指导综合整治的各项工作内容：在规划层面，回应上位规划、设计导则、政策文件的要求，对老旧小区综合整治形成分区管控和分类指导。在设计层面，从建筑本体和外部环境两方面，分级分类梳理改造内容及相关的技术标准和技术方法，形成策略合集。

探索综合整治的有效工作机制：梳理在现有制度下的老旧小区综合整治实施程序，探索改造前、改造过程和改造后的社会参与方式。优化居民自治、物业管理与政府保障相互结合的管理机制，明确责权。对居民进行宣传引导。

房屋建筑本体 | 提升型 | 增设电梯

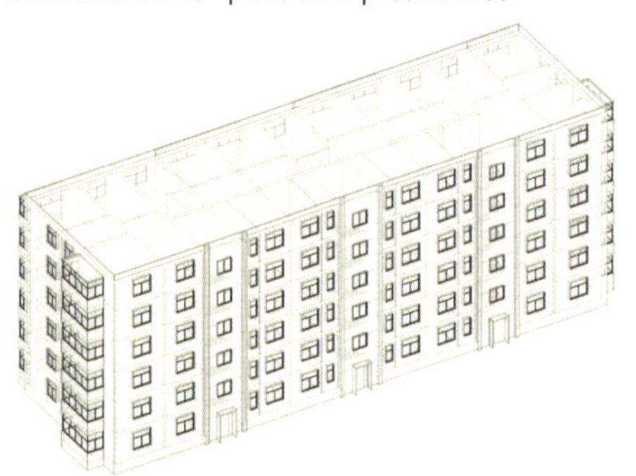

增设电梯的几种可能性

北侧
到达休息平台标高
上下半层入户

北侧
与楼梯间整体改造

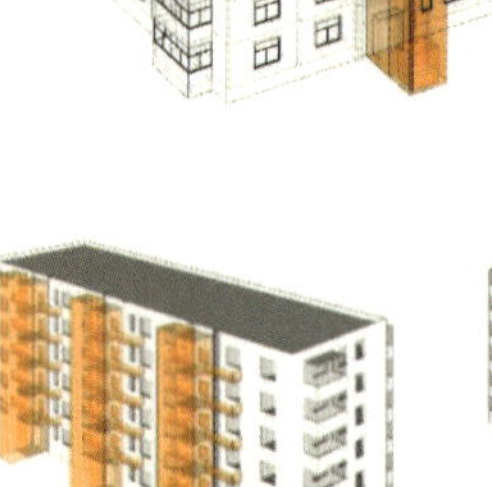

北侧
楼层标高
厨房入户

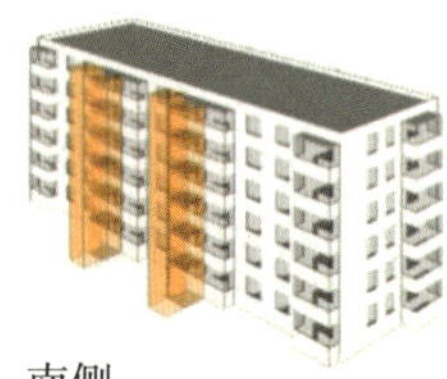

南侧
楼层标高
起居室入户

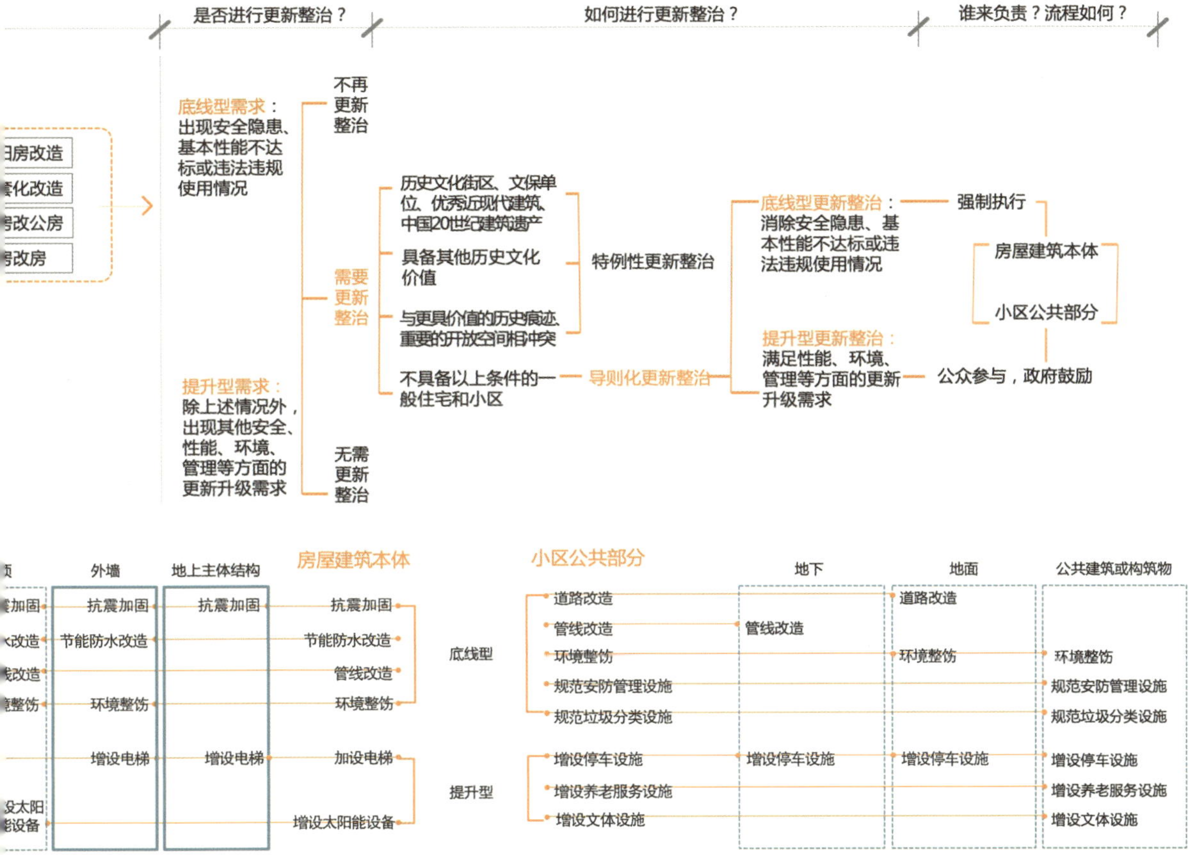

是否进行更新整治？ | 如何进行更新整治？ | 谁来负责？流程如何？

日房改造
套化改造
号改公房
号改房

底线型需求：出现安全隐患、基本性能不达标或违法违规使用情况

提升型需求：除上述情况外，出现其他安全、性能、环境、管理等方面的更新升级需求

- 不再更新整治
- 需要更新整治
  - 历史文化街区、文保单位、优秀近现代建筑、中国20世纪建筑遗产
  - 具备其他历史文化价值
  - 与更具价值的历史痕迹、重要的开放空间相冲突
    - → 特例性更新整治
  - 不具备以上条件的一般住宅和小区 → 导则化更新整治
    - 底线型更新整治：消除安全隐患、基本性能不达标或违法违规使用情况 → 强制执行
    - 提升型更新整治：满足性能、环境、管理等方面的更新升级需求 → 公众参与，政府鼓励
    - 房屋建筑本体
    - 小区公共部分
- 无需更新整治

房屋建筑本体

	顶	外墙	地上主体结构	房屋建筑本体
底线型	震加固	抗震加固	抗震加固	抗震加固
	<改造	节能防水改造		节能防水改造
	线改造			管线改造
	整饬	环境整饬		环境整饬
提升型		增设电梯	增设电梯	加设电梯
	设太阳能设备			增设太阳能设备

小区公共部分

	小区公共部分	地下	地面	公共建筑或构筑物
底线型	道路改造		道路改造	
	管线改造	管线改造		
	环境整饬		环境整饬	环境整饬
	规范安防管理设施			规范安防管理设施
	规范垃圾分类设施			规范垃圾分类设施
提升型	增设停车设施	增设停车设施	增设停车设施	增设停车设施
	增设养老服务设施			增设养老服务设施
	增设文体设施			增设文体设施

老旧小区综合整治工作流程方法

改造后实地调研

房屋建筑本体－底线型－抗震加固

房屋建筑本体－提升型－增设电梯

房屋建筑本体－底线型－节能防水改造

房屋建筑本体－底线型－管线改造

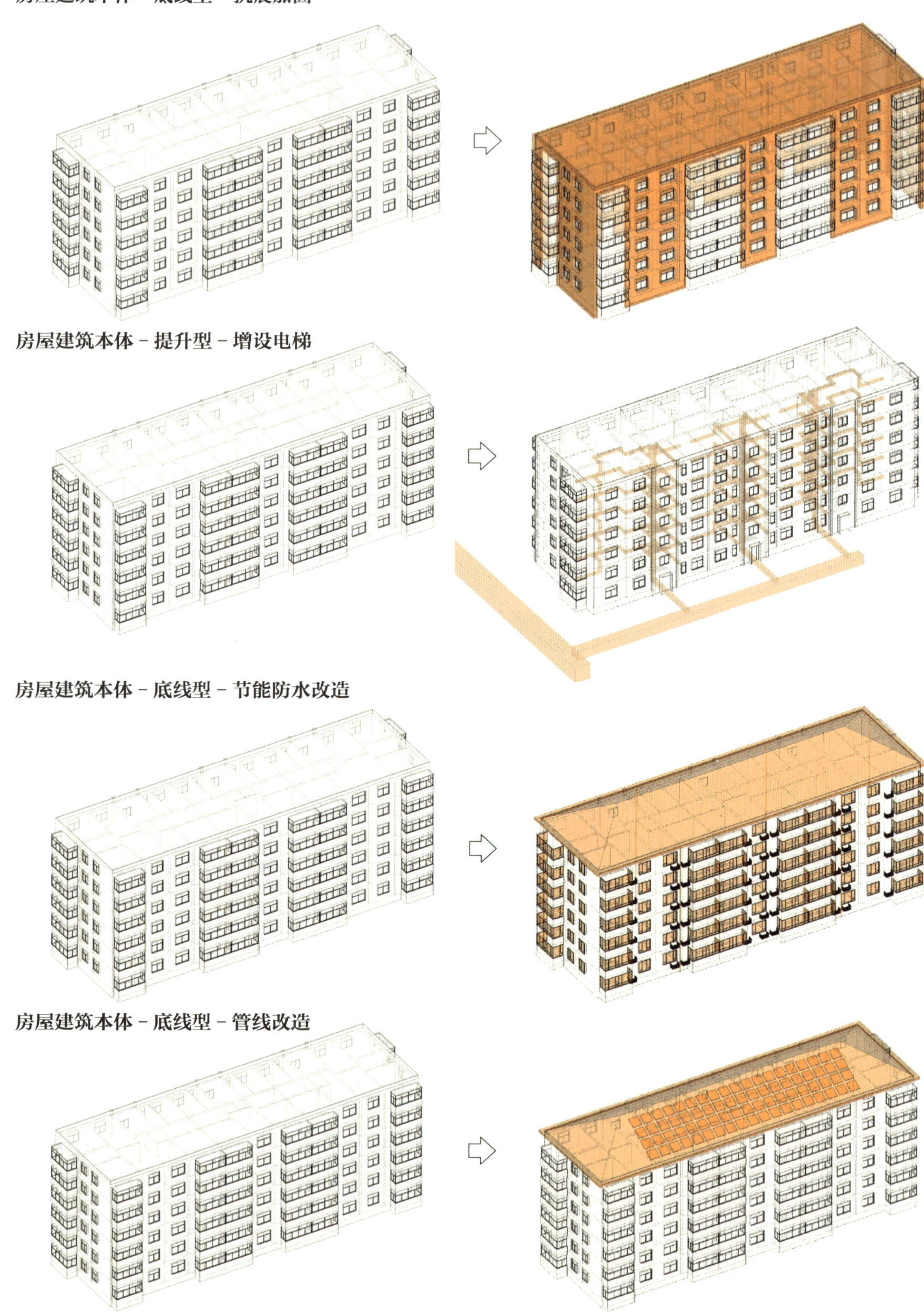

小区公共部分－底线型－道路改造

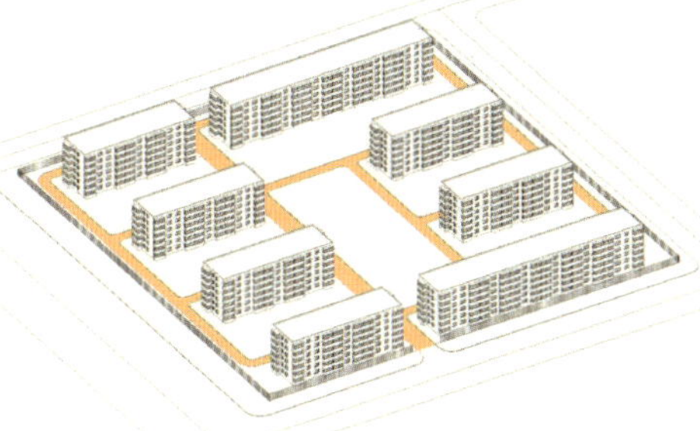

小区公共部分－底线型－规范垃圾分类设施

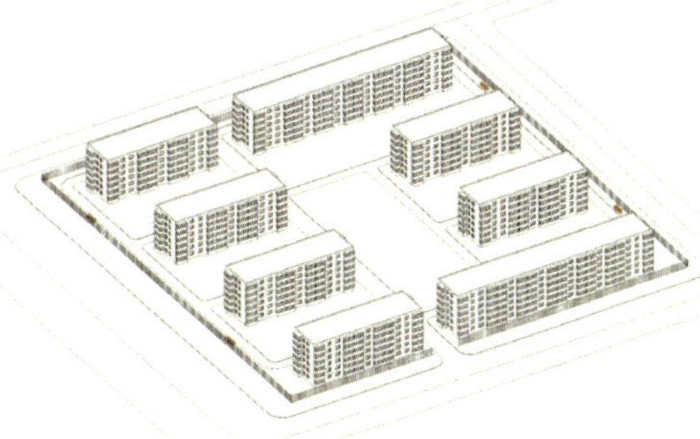

小区公共部分－底线型－管线改造

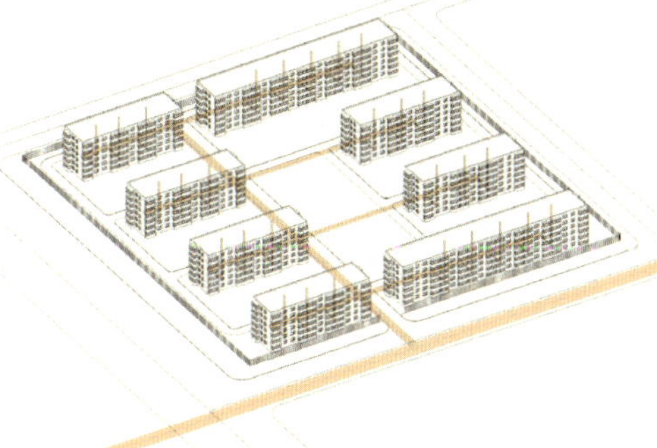

小区公共部分－提升型－增设停车设施

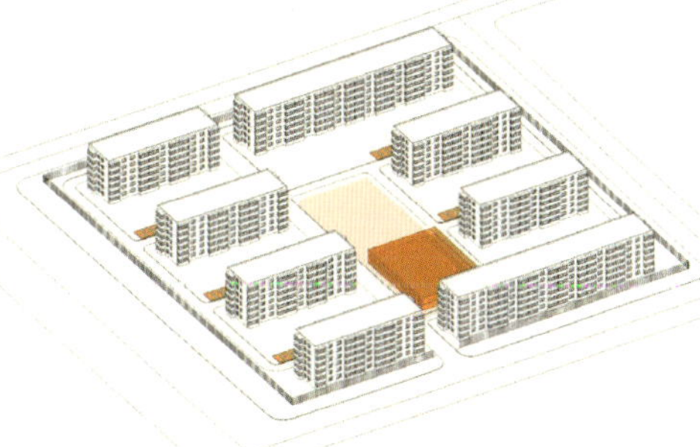

小区公共部分－底线型－环境整饬

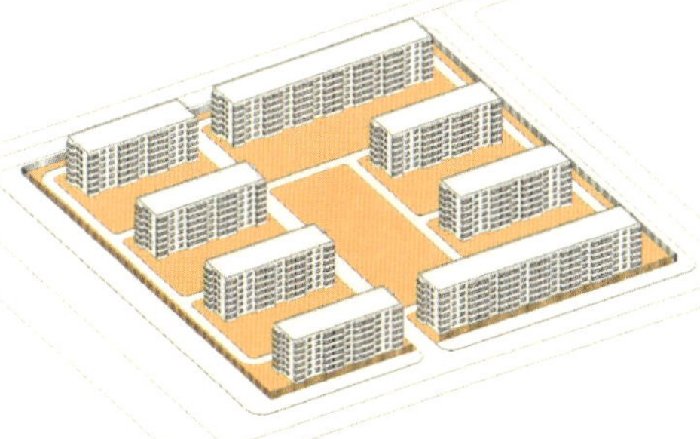

小区公共部分－提升型－增设养老／便民服务设施

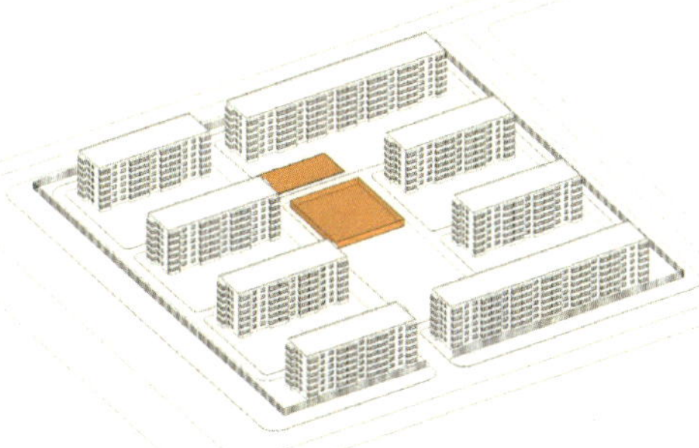

小区公共部分－底线型－规范安防管理设施

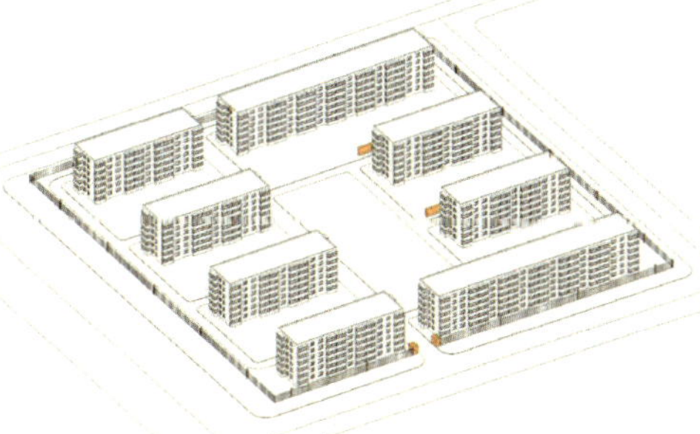

小区公共部分－提升型－增设文体设施

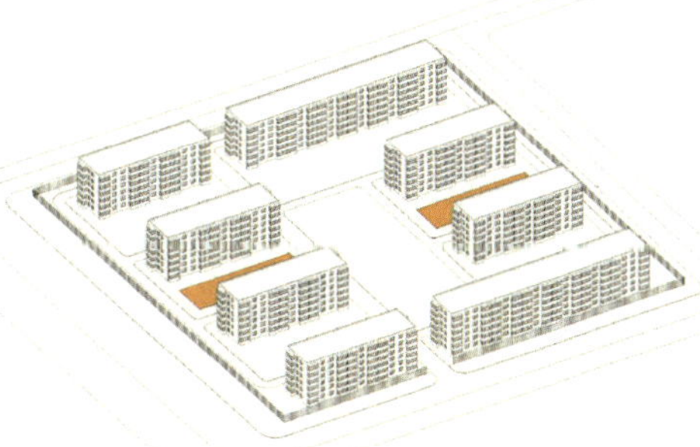

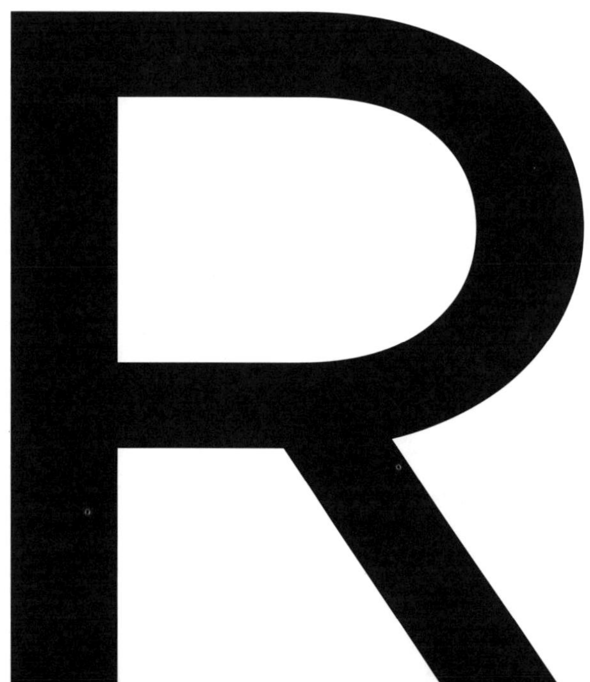

| 建筑改造 |

整体街区历史保护
个体建筑环境改造

传统文化记忆存续
现代生活需求应对

探索整体与个体、传统与现代的和谐共生

大栅栏养老服务驿站

用地位置：延寿街 87 号

建筑面积：1100m^2

建筑层数：二层

设计团队：程晓青 尹思谨 张华西 等

本项目坐落在北京历史街区大栅栏的胡同中，周围四合院建筑密集，胡同狭窄拥挤。原有建筑主体为一栋大跨菜市场和附属建筑，本设计通过对原有结构的加固和植入新的空间，尽可能最大化地挖掘空间潜力，消除安全隐患，塑造了无障碍适老化环境。可为老年人提供日间照料、就餐服务、文体娱乐、医疗康复、心理关爱等生活服务。

方案鸟瞰图

改造后室内效果图

改造后室外效果图

原有建筑立面

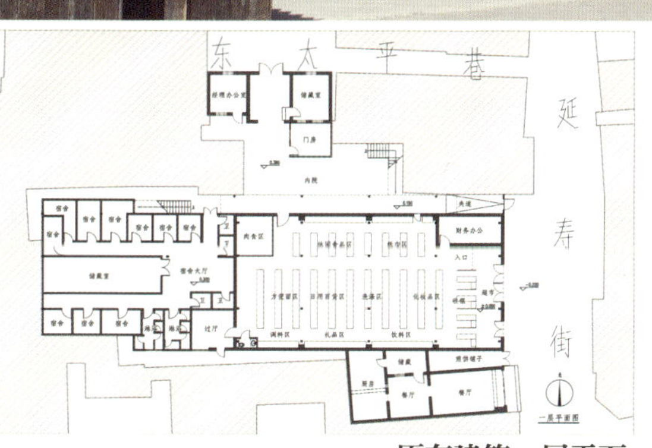

原有建筑一层平面

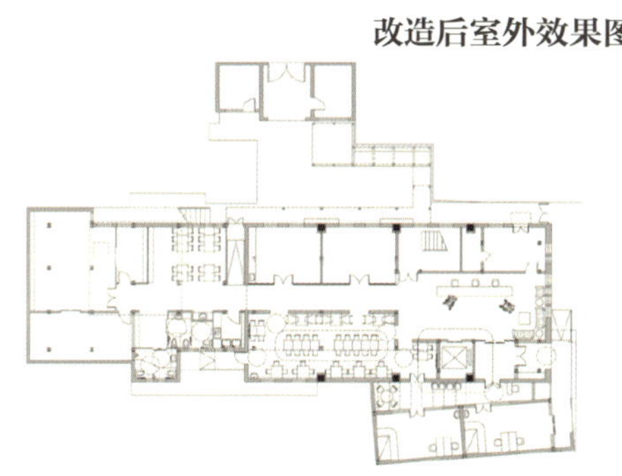

改造后一层平面

改造后室内门厅

总平面图

大栅栏职工之家暨党群活动中心

用地位置：北京市西城区大栅栏西街

建筑面积：315.8m^2

建筑层数：三层

设计团队：程晓青 范若冰 尹思谨 等

本项目坐落在繁华的大栅栏街道西街，原有建筑为一家餐馆。本设计通过对原有结构的加固和空间调整，营造出集办事服务、文体活动、会议交流和休息学习为一体的多功能工会活动中心。

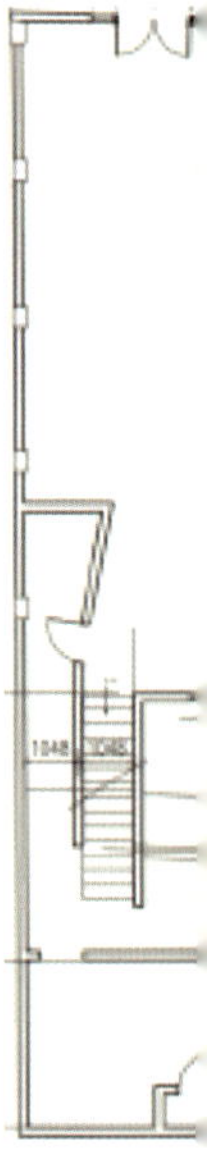

原有建筑一层

改造后室内实景图

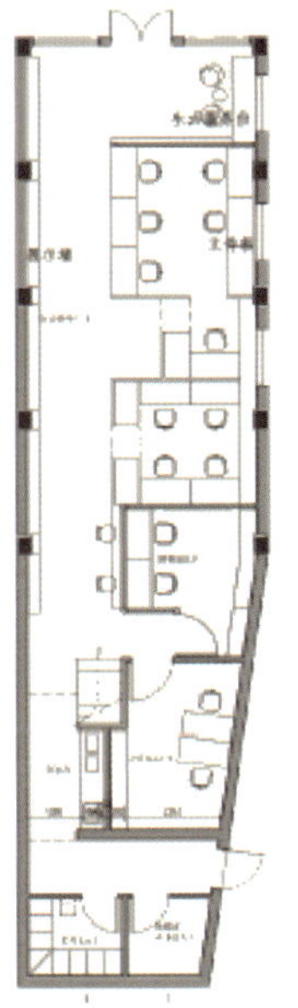

改造后一层平面

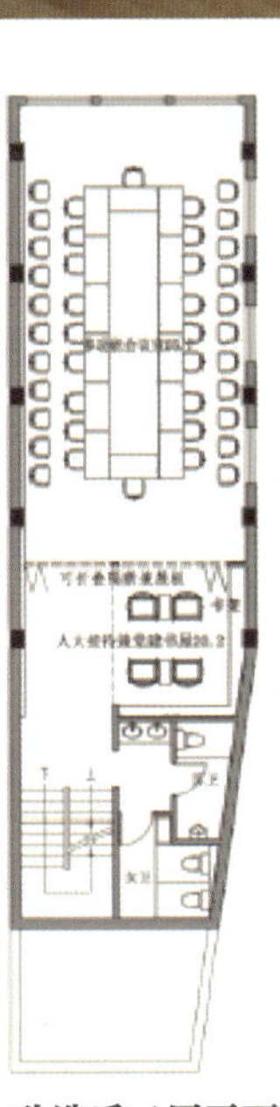
改造后二层平面

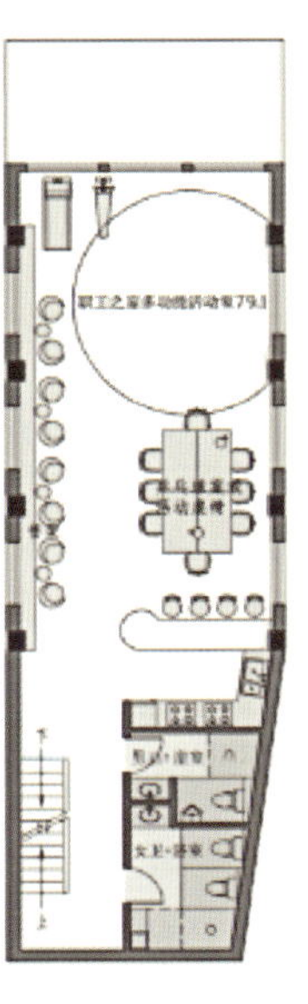
改造后三层平面

改造前室内

改造前室内

大栅栏市民服务中心

用地位置：大栅栏杨梅竹斜街甲 125 号

建筑面积：975.6m^2

建筑层数：三层

设计团队：程晓青 杨宇琪 尹思谨 左杰 等

本项目的功能定位是为居民提供阅读学习、业余课程等文化活动的设施。针对原有建筑呆板鱼骨刺式的平面格局，巧妙地通过局部穿洞去楼板，借景窗等设计方法，有效地丰富了空间；同时，通过引入胡同建筑符号，突出了设施的在地性认同感。

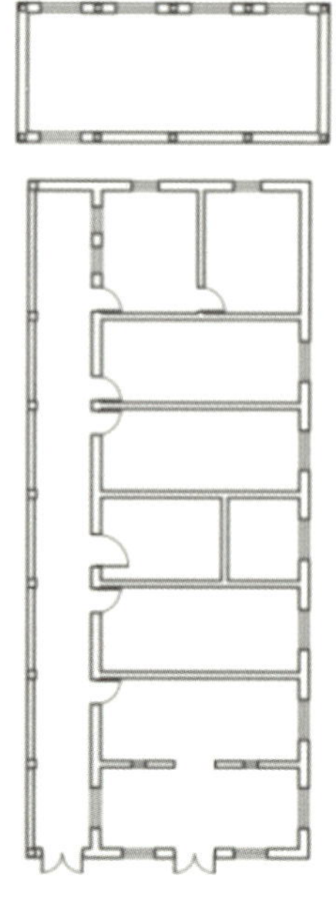

原有建筑一层平面

改造

层平

室内休息空间

室内走道空间

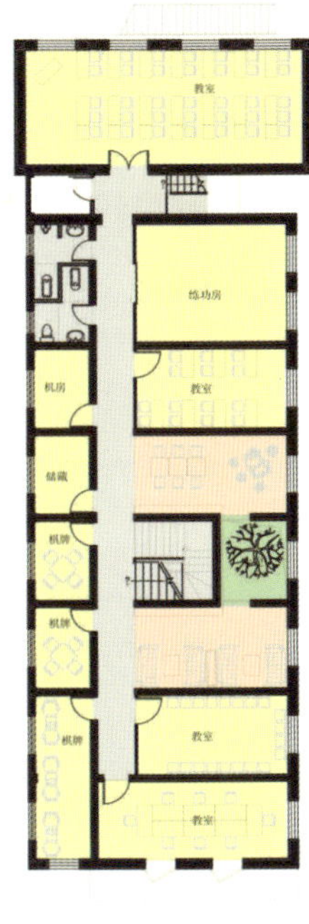

改造后二层平面

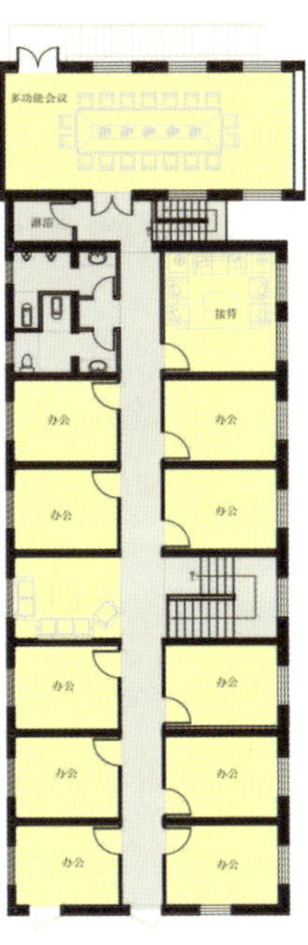

改造后三层平面

原有建筑外观

室内阅读空间

北京五中分校鼓楼校区改造设计

用地位置：北京市鼓楼片区

建筑面积：8000m^2

改造前原貌

设计针对原有校园空间的改造展开研究，希望能从北京旧城风貌保护与更新出发，着重关注校园建筑环境与旧城环境的融合与共生；设计在注重整体环境营造、在建筑底层界面与旧城环境协调连续的同时，在原有较大尺度的空间更新设计中引入了校园所需要的创意与活力感，以此为北京旧城环境创造了和而不同的全新体验。

改造后立面效

改造后入口效果

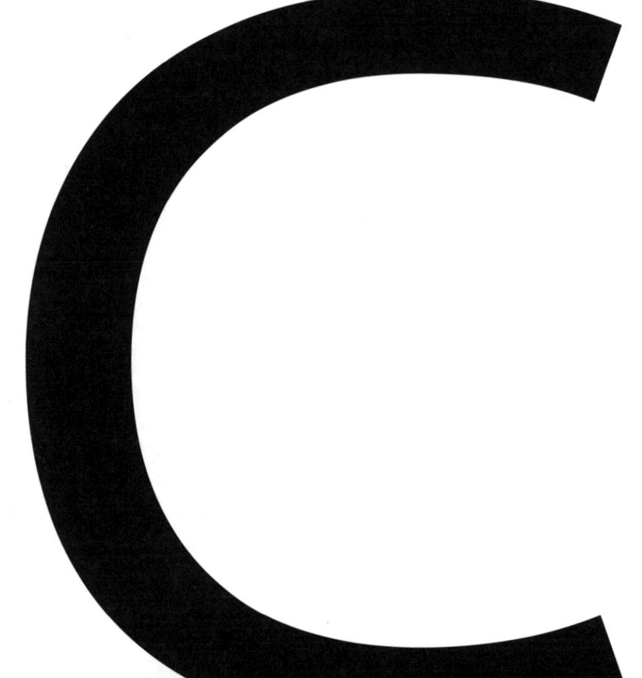

| 社区营造 |

激发社区活力，促进公众参与

探索政府、社会和居民的良性互动

社区营造 | 新清河实验

建设位置：北京市海淀区清河街道

设计团队：刘佳燕 陈孟萍 沈毓颖 程情仪（规划部分）

自 2014 年，在清华大学社科学院李强教授的带领下，来自社会学、城市规划、建筑学等专业师生组成跨学科团队，在清河地区开展基层社会治理创新实验，称为“新清河实验”。“新清河实验”扎根清河地区至今已持续开展了五年，目的在于激发社区活力，促进公众参与，探索政府治理和社会自我调节、居民自治之间良性互动的方式。

公众投票选出最喜欢的社区 LOGO

居民携手共建绿色家园

亲子互动手工坊

第二课堂—— 志愿者科普小贴士

居民自发美化社区——改造手绘墙

在实践过程中，清华大学建筑学院刘佳燕副教授领衔的团队以参与式社区规划为着力点，强调社区空间更新与社区协商治理、民生服务保障等工作协同推进，实现街区的全面提升。团队针对清河地区突出的“半城镇化”问题，以“人的提升”为核心，将社会与空间的相互生产纳入过程机制，以公共空间的改造与提升为抓手，着重公共性的培育，推进社区共同体建设。

第  维

对象维观

第 4 维 | 白塔寺头条 1—3 号

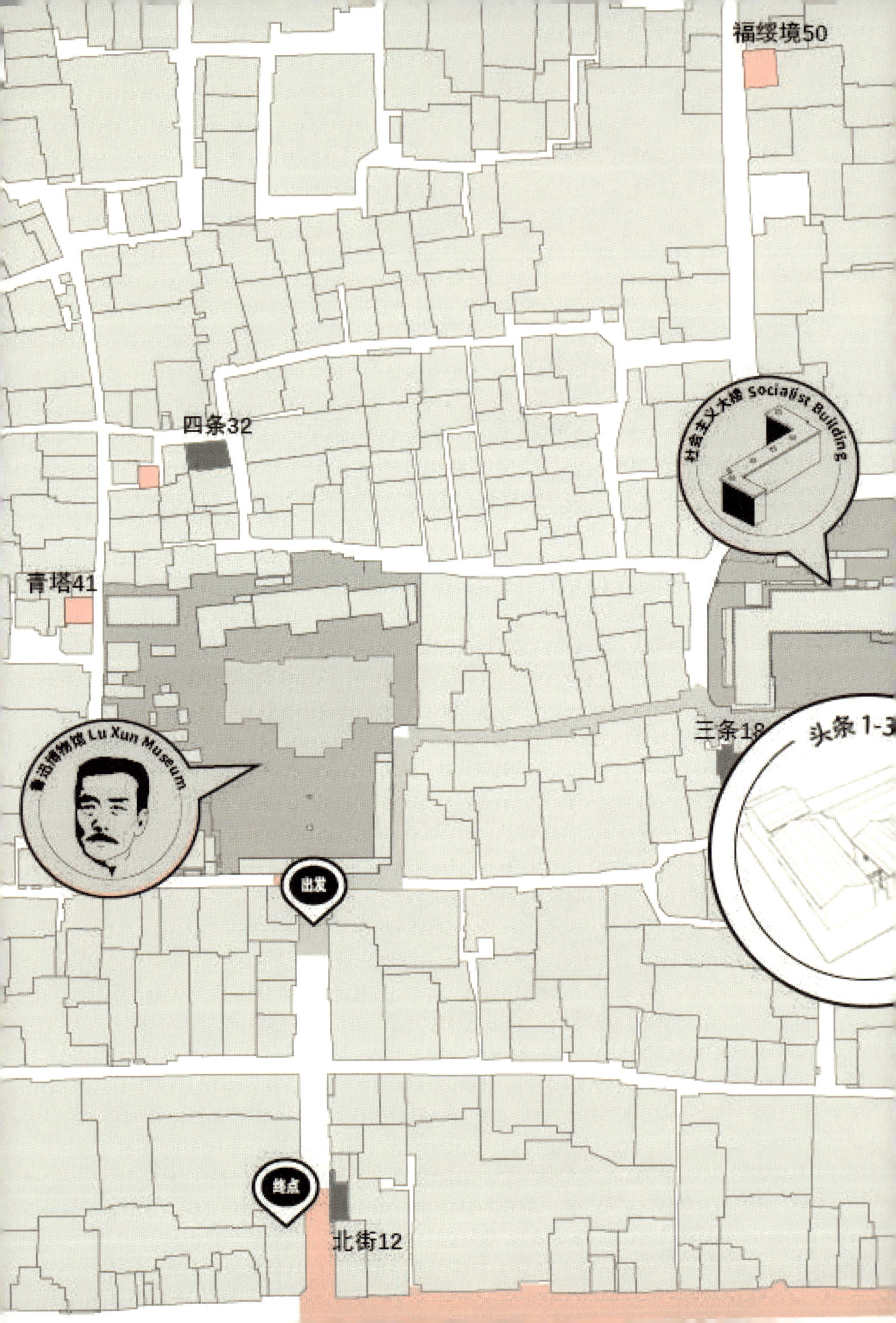

福绥境50
四条32
青塔41
Socialist Building
Lu Xun Museum
三条18
头条 1-3
出发
终点
北街12

对象区位 I 白塔寺头条 1—3 号
场地位置：西城区阜成门头条胡同 1—3 号
场地简介：坐落在整个白塔寺片区的南部
一条安静的小胡同里
与白塔遥遥相望
等待着世人的探寻
东廊下甲37
西岔5
西岔4
妙应白塔寺 BAITASI
西岔11-13
西岔21
前抄手23
前抄手12
前抄手31
东夹道54
东夹道52
东夹道56
东夹道58
东夹道60
头条3
东西岔综合体
头条1
菜市场大棚
东夹道72
头条6
东岔90
东岔94
东岔81
蒲州巷15
N

场地现状

场地由两间长条形的院子组成

整体呈现 L 形，外部空间狭长不规则

未完成的墙面

使得室内外相互渗透

形成适宜布展的流动空间

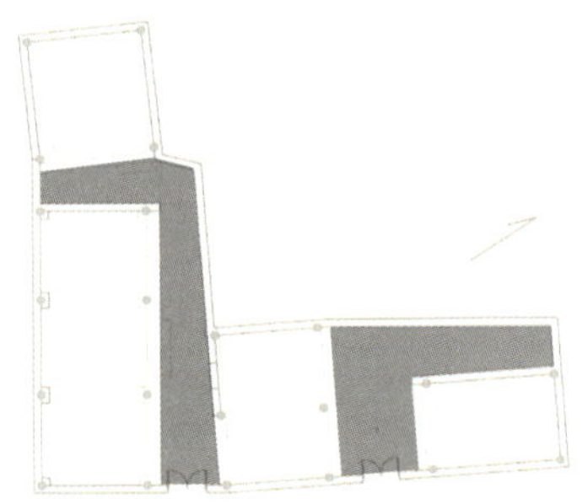

CONFINED

未完成的墙面、地面

似乎在诉说着曾经那些没讲完的故事

滴答滴答的水声

再现了四合院里的生活场景

搬走的是居住的场所

带不走的是对家的眷恋

印象片段

空旷的、未完成的界面

窄缝的天空

阳光沿着狭窄的屋檐倾泻而下

为光影的参与创造了机会

檐下的窗洞

不经意间

露出院里的风景

总让人忍不住

驻足窥探

从千米走向纳米，寓意着老北京从过去走向现在，从过去走向未来

不同学科也是不同维度

不同比例尺象征不同维度的北京

BRAINSTORMIN

概念生成

本次展览的定位是展示清华大学城市更新的教学实践和研究成果。策展中遇到的最大难点是展示内容由规划、建筑、历史三个学科的多元成果构成，其形式各异，既要突出各自特点又要彼此呼应，整体呈现一气呵成之感。功能上还需要设置一个可举行课堂交流活动的多功能厅。因此，如何在如此狭小的空间中实现上述需求，就是本次策展的关键所在。

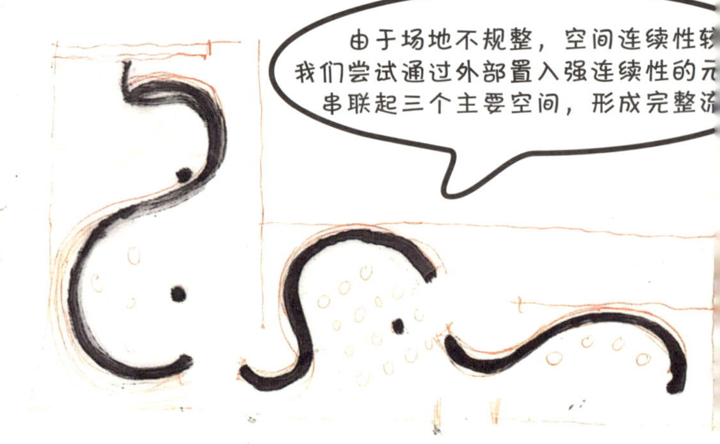

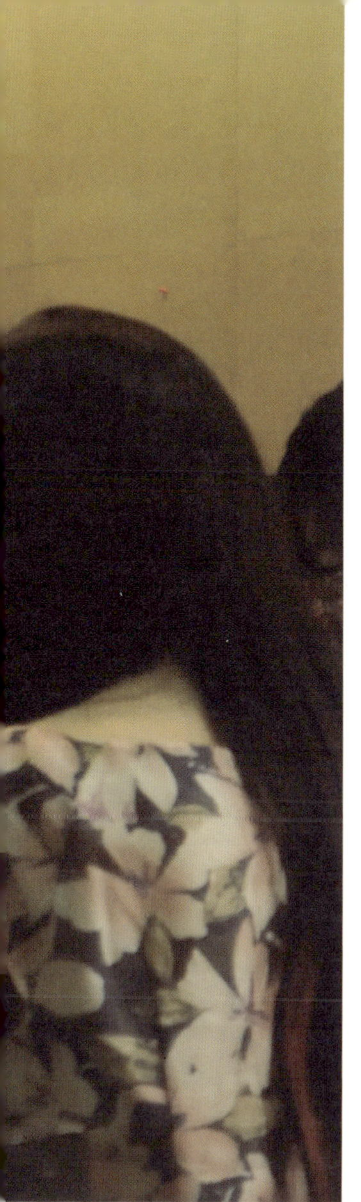

这里增加一个小互动厅
还能开展公开课

主展厅有点闭塞
这想法不错，
利用镜子延伸空间
加一面镜子如何？

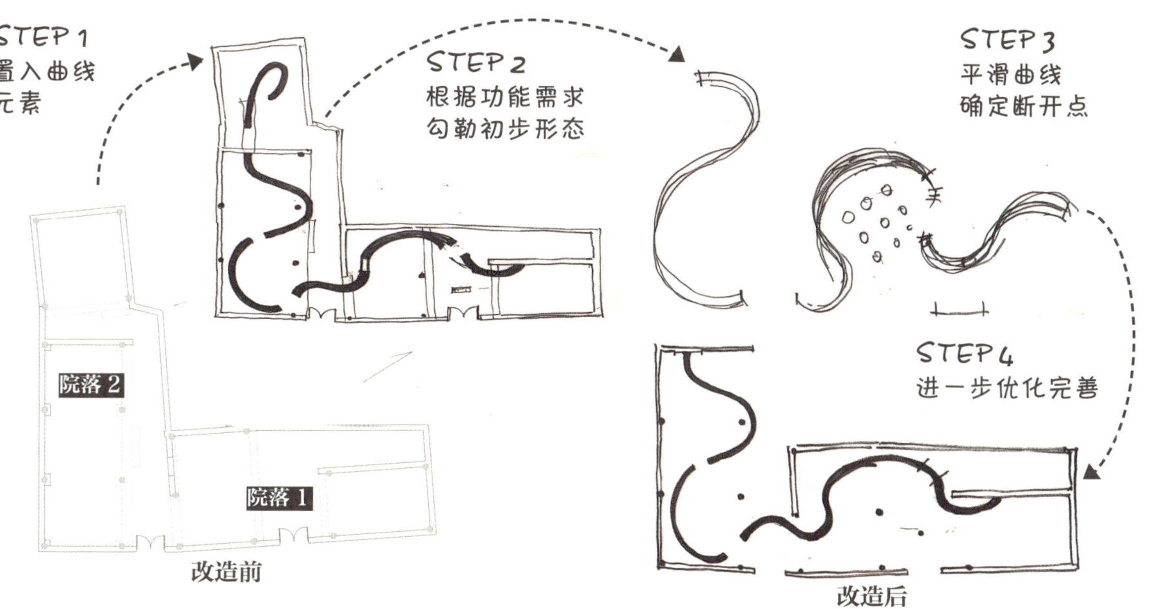
STEP 1
置入曲线
元素
STEP 2
根据功能需求
勾勒初步形态
STEP 3
平滑曲线
确定断开点
STEP 4
进一步优化完善
院落 2
院落 1
改造前
改造后

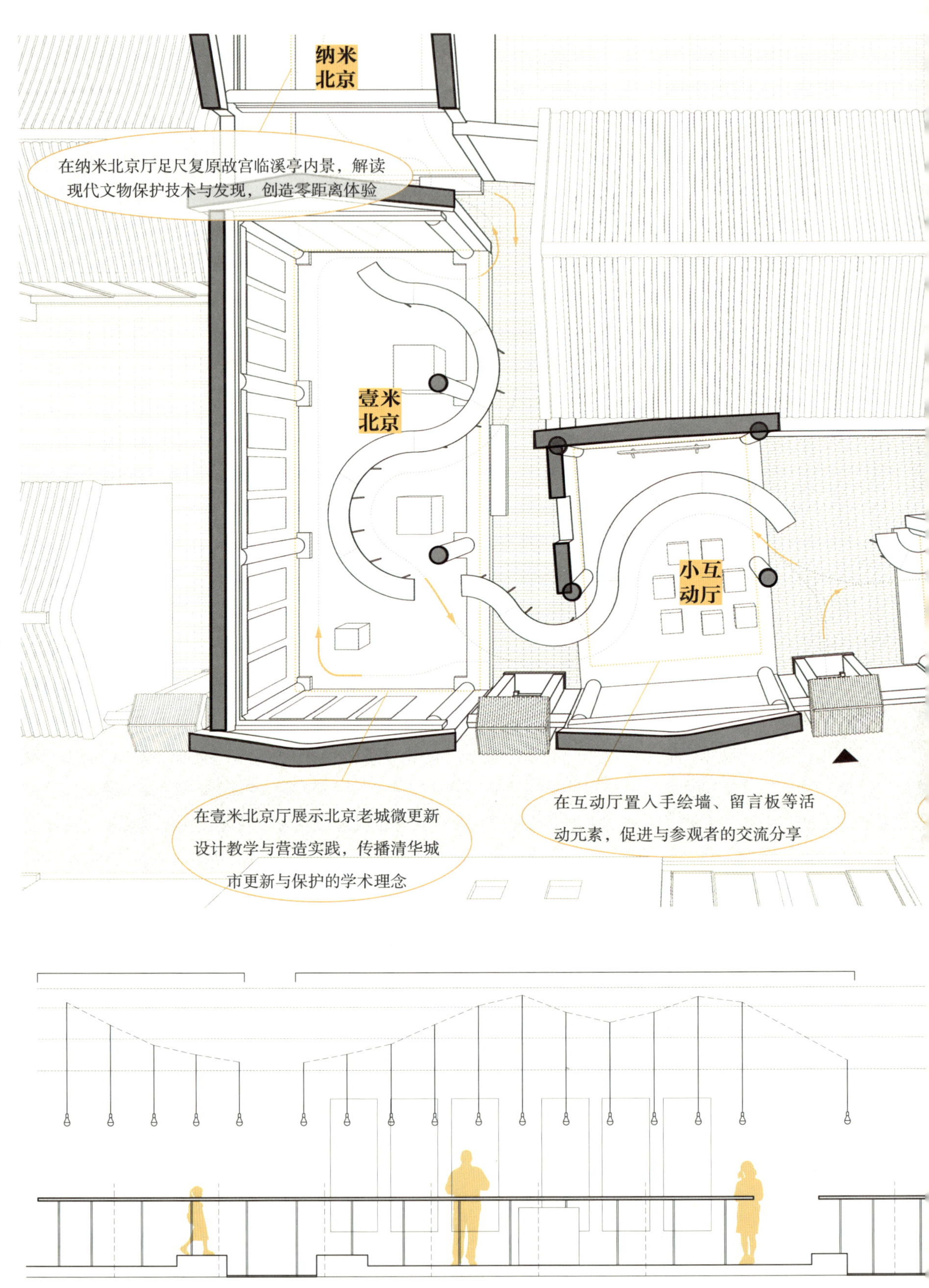
纳米
北京
在纳米北京厅足尺复原故宫临溪亭内景，解读
现代文物保护技术与发现，创造零距离体验
壹米
北京
小互
动厅
在壹米北京厅展示北京老城微更新
设计教学与营造实践，传播清华城
市更新与保护的学术理念
在互动厅置入手绘墙、留言板等活
动元素，促进与参观者的交流分享

定稿设计

经过反复打磨完善
最终定稿四个主要空间
以曲形展桌为线索，由宏观到微观
依次串起千米—壹米—纳米展厅
并于其间设置小互动厅

千米
北京

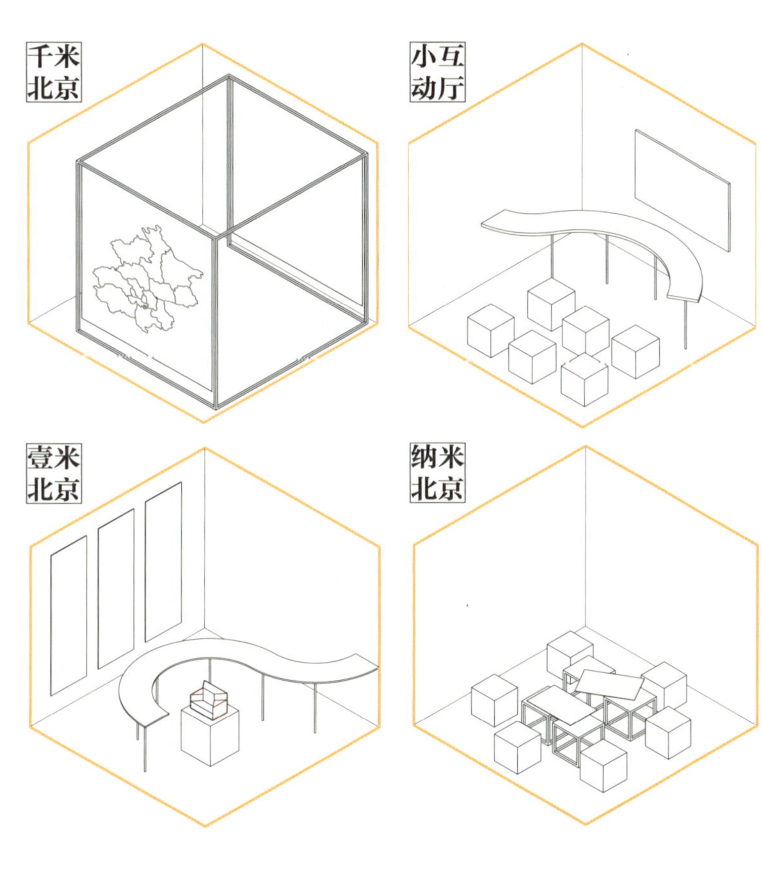

米北京厅展示明清历史地图，呈现
北京老城跨越时间维度的变迁

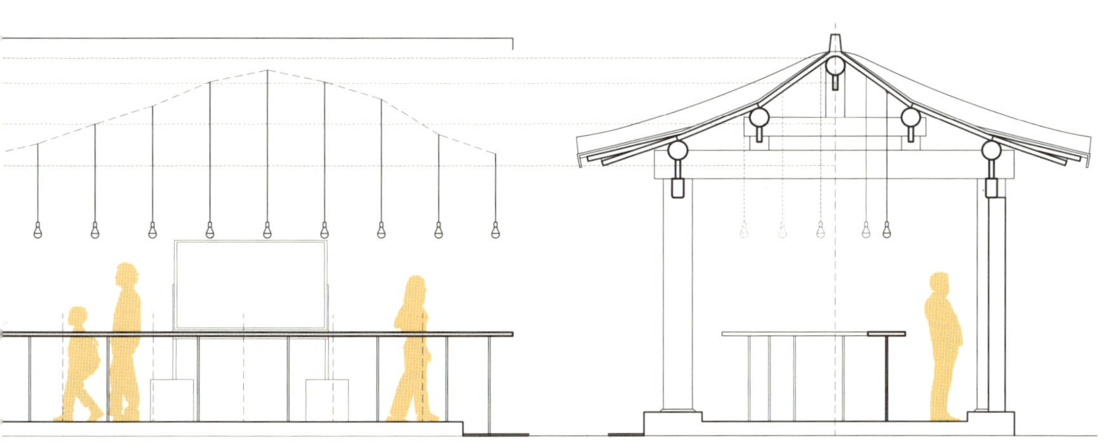

（图纸绘制：季若尘 郭雨齐）

measure scale

现场营造 | 倒计时 5 天

选取能够代表北京各历史时期的建筑或片段，以不同比例呈现在同一套标尺上，让我们可以跨越空间，亲手丈量北京老城。

纳米北京 | 故宫屋脊神兽 ------------------------> **壹米北京 | 四合院的幸福生活** ------

我这部分是现代北京，
有鸟巢、大剧院

还有中国樽、中央电视台

我这边是老北京，
有天安门

那个是佛香阁

新旧北京在
此交汇

跨越时空丈量北京

千米北京 | 历史演进中的北京城
千米北京 | 现代化大都市
天安门
白塔寺
天坛
颐和园
鸟巢
中央电视台
国家大剧院

再高点儿
这位置如何？

营造日志 | 胡同里的一天

10:30
维观
北京
又是元气满满的一天呐

11:30
维观
北京
唉，好像有点

14:30
维观
北京
休息好了，继续干活

15:30
维观
北京
唉，口有点

倒计时 1 天

开展前夕，恰逢中秋佳节
我们现场组装了 50 个模块凳
在胡同里度过了一个充实忙碌的周末
趁着皎洁的月色
在四合院里布展收尾，站好最后一班岗
留下一段难忘而珍贵的记忆

COUNT DOWN 01 DAY

维
北
清华大学建筑与城市

“维观北京”正式开幕

2018 年 9 月 26 日

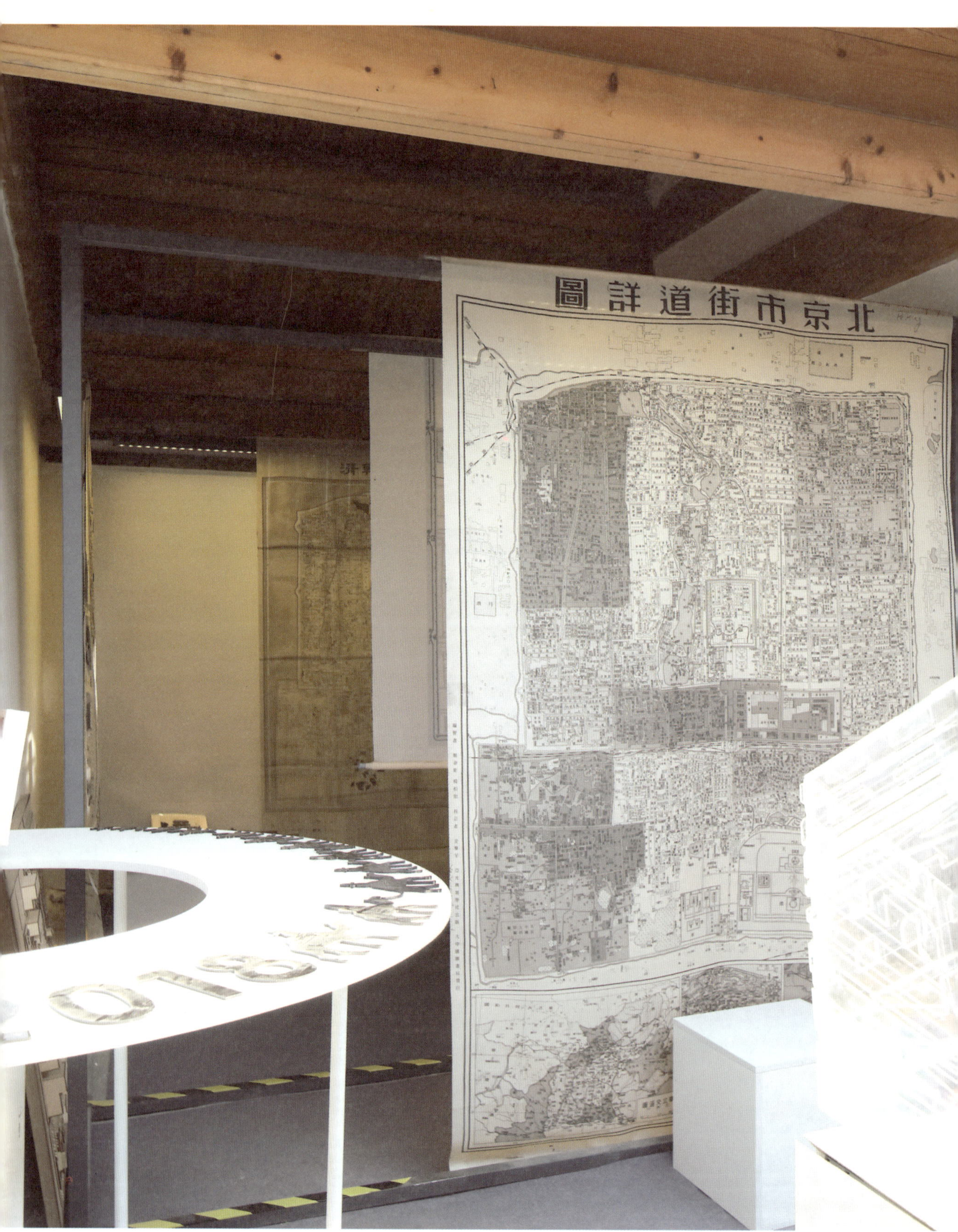
北京市街道詳圖

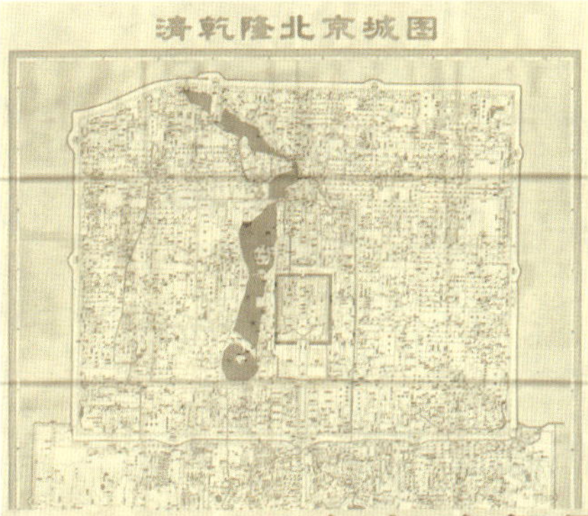

千米北京厅

展陈了明代、清乾隆、民国及 1950 年北京城二环以内城市的历史地图，老照片和典型片区复原模型，跨越 600 年，从宏观尺度呈现北京老城的发展与变迁。

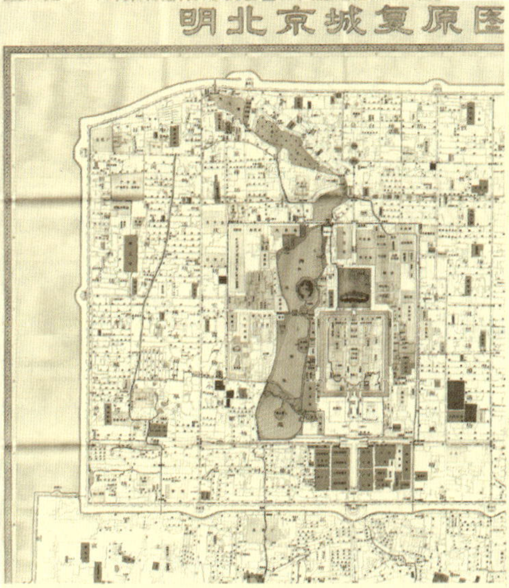

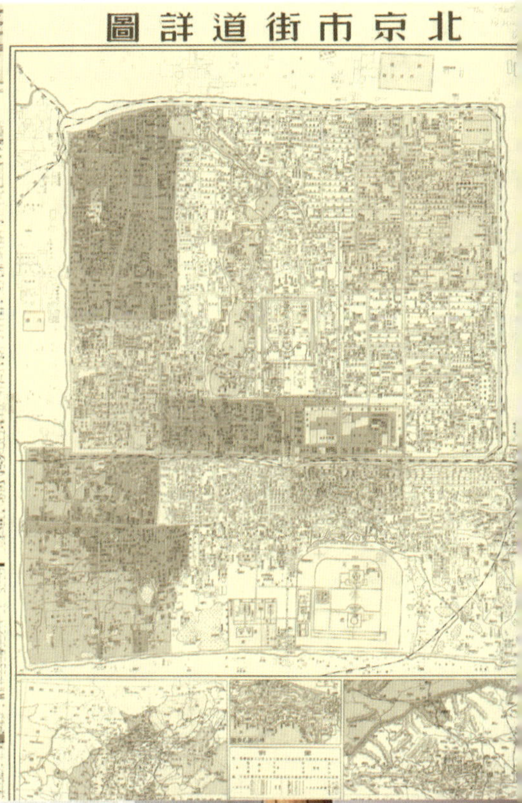

壹米北京厅

展陈北京老城微更新设计教学与营造实践，用模型、图纸和明信片等方式从中观尺度呈现清华建筑人对北京城市更新保护的思考与探索。

纳米北京厅

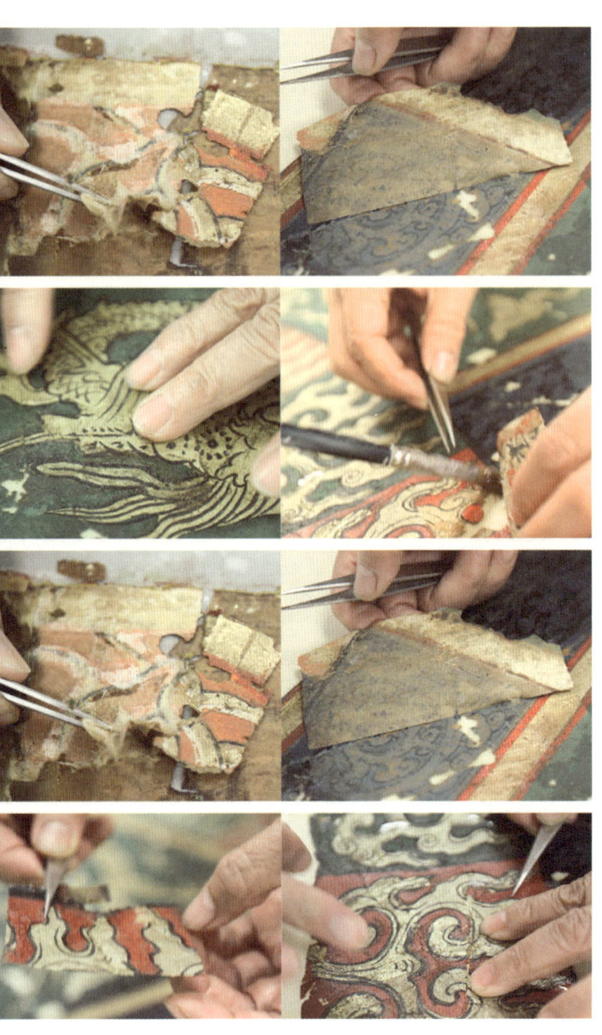

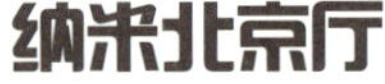

足尺复原故宫临溪亭内部空间，展陈建筑彩绘的显微放大图样和真实样本，从微观尺度呈现现代文物保护技术与发现。

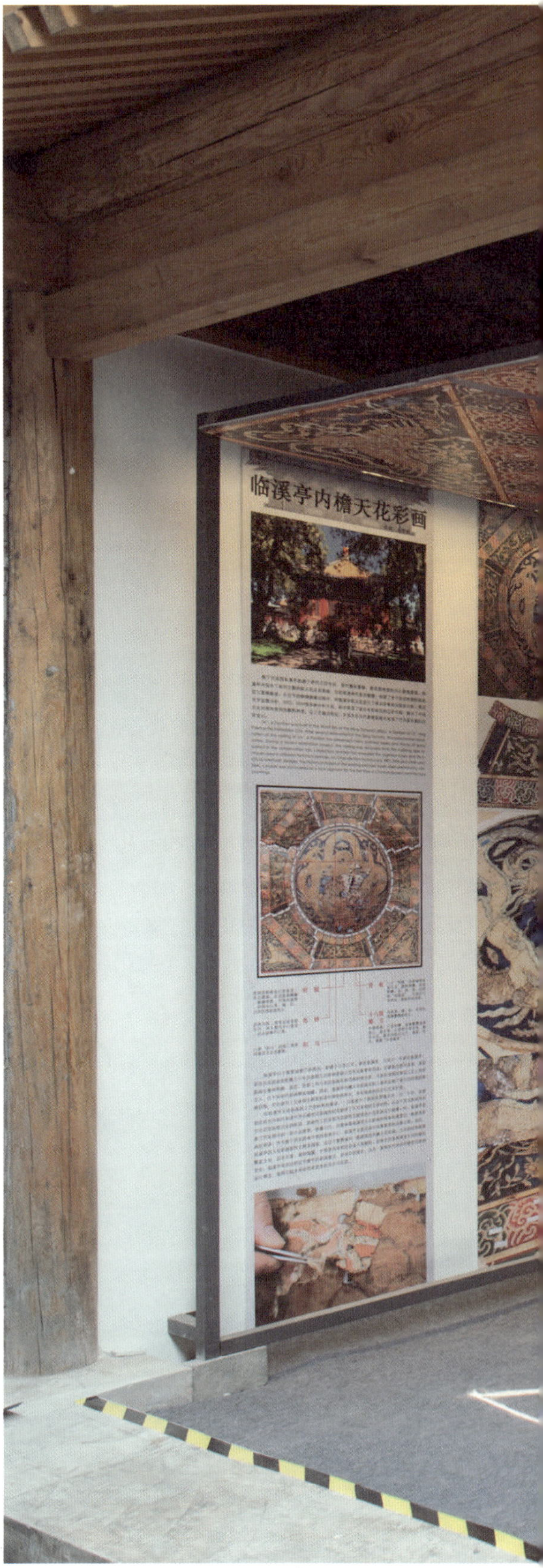

北纳
京米

第  维

互动围观

第 5 维 | 社会学堂

程晓青
城市微更新的教学探索

刘畅
城市遗产保护的新技术和新方法

钟舸
北京老城演变和保护规划研究

老旧小区社区治理的研究和实践

胡同里的清华公开课

在胡同深处，开展了一堂别具一格的清华公开课
来自全国各地的游客、专家学者、附近居民
与学生们一起坐在铺满青砖的四合院里
静听清华教师和社区一线的专家
讲述北京城市发展的历史脉络
探讨城市保护与更新的理论思考和改造实践
交流社区治理宝贵经验

程晓喜
北京四合院的改造实践案例

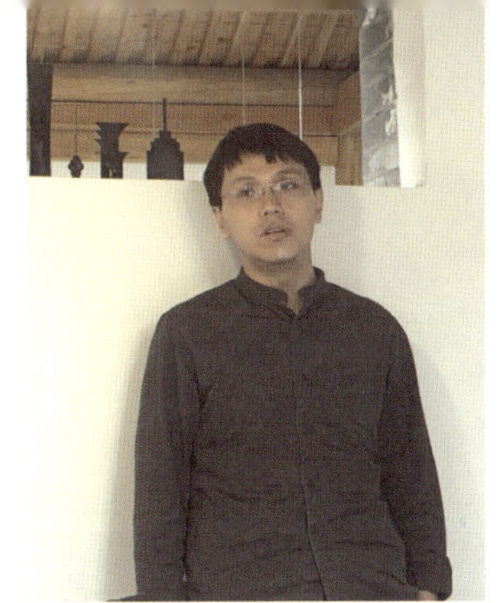

王辉
城市更新和可持续发展的理论思辨

黄鹤
西城区老旧小区治理导则编制研究

高波
广内街道办事处外请专家
西城区广内街道社区治理实践

亲手触摸梁思成遗赠

刘畅老师在现场演示现代文物修复方法

介绍如何从历史物质的切片入手

解读梁思成先生对于中国建筑历史的研究成果

我是一名小小建筑师

作为本次展览中重要的大众互动环节
邀请小朋友和家长近距离接触建筑
一起制作有趣的小模型，体验建筑师的日常工作

志愿者带领小朋友们体验建筑师日常

小小建筑师们的作品

家长和小朋友组成“建筑合伙人”，亲子搭档共同完成小模型的拼搭

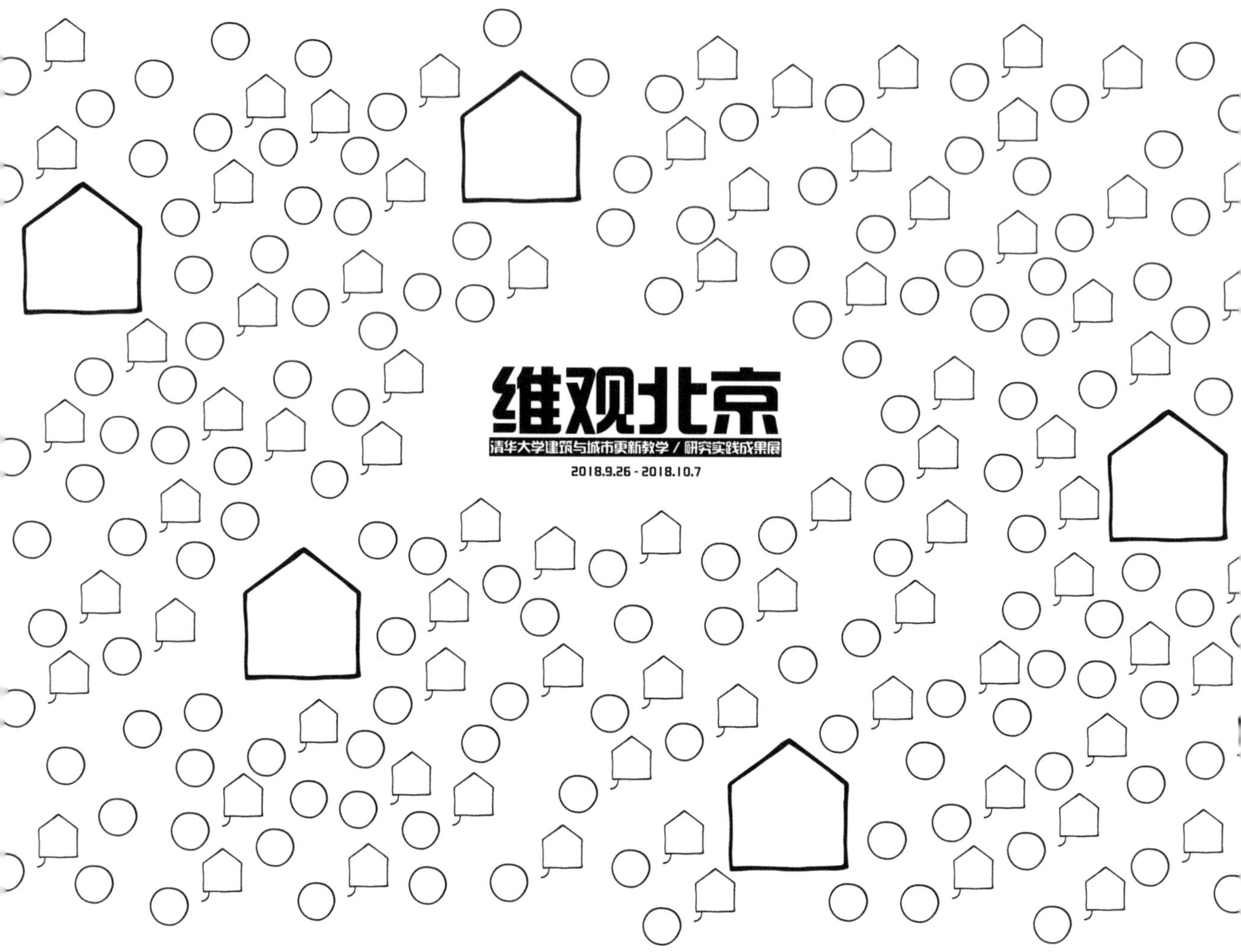

手绘墙上的北京味儿

设置在互动厅的手绘墙激发了参观者的创作灵感，大家自由发挥、大胆创作，表达了对老北京的记忆和新北京的期许。他们热情高涨，天马行空：有即兴发挥，勾勒未来乌托邦的；也有成竹在胸，泼墨挥毫的；还有触景生情，有感而发的。

维观北京
与城市更新教学 / 研究实践成果展
2018.9.26 - 2018.10.7

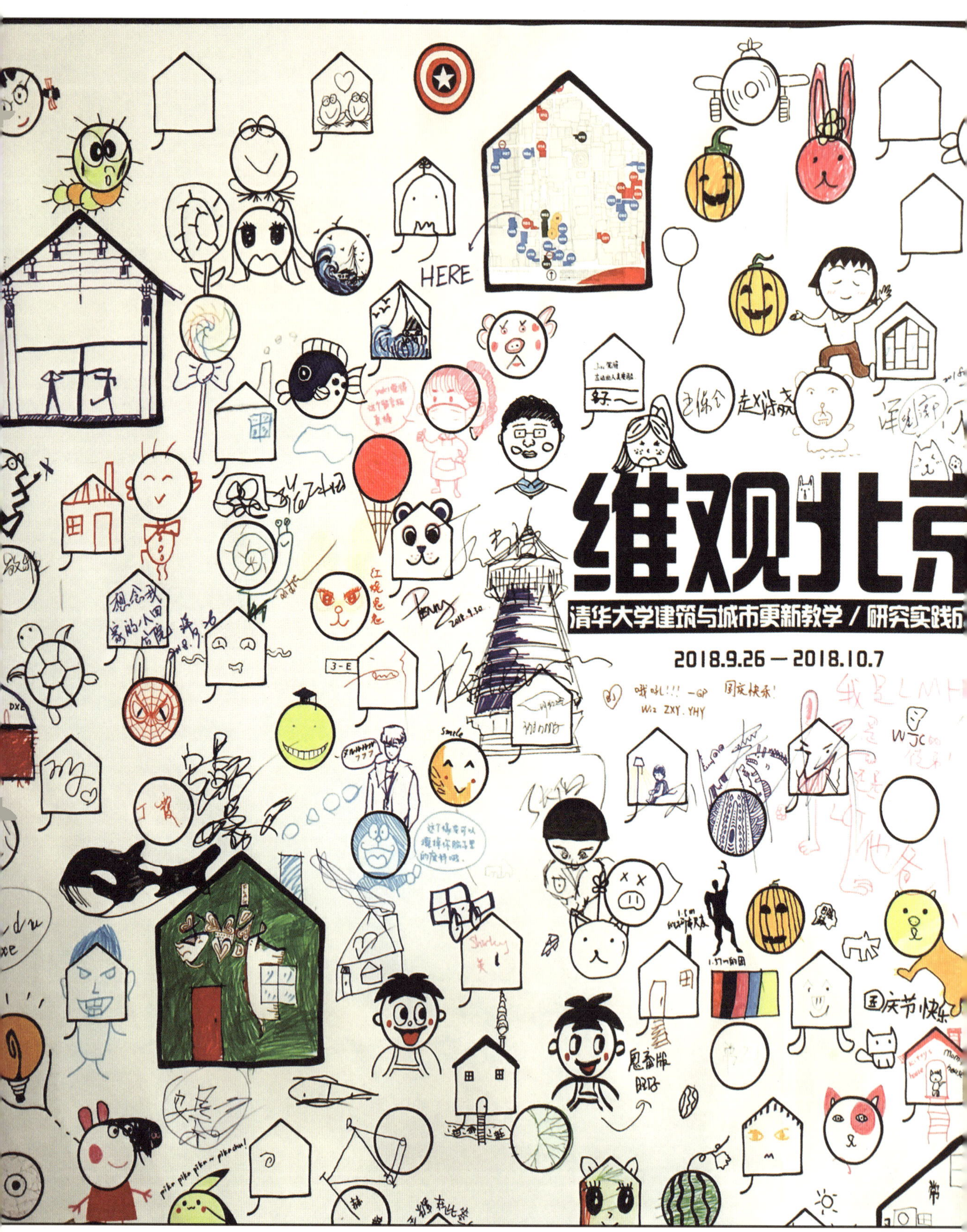
维观北京
清华大学建筑与城市更新教学 / 研究实践
2018.9.26 — 2018.10.7
HERE
国庆节快乐

所画的作品取材丰富，不仅有对家的畅想，还有对经典卡通人物的怀旧、动物世界漫游等。这琳琅满目的画风，顿时让小院子充满了浓浓的北京味儿。

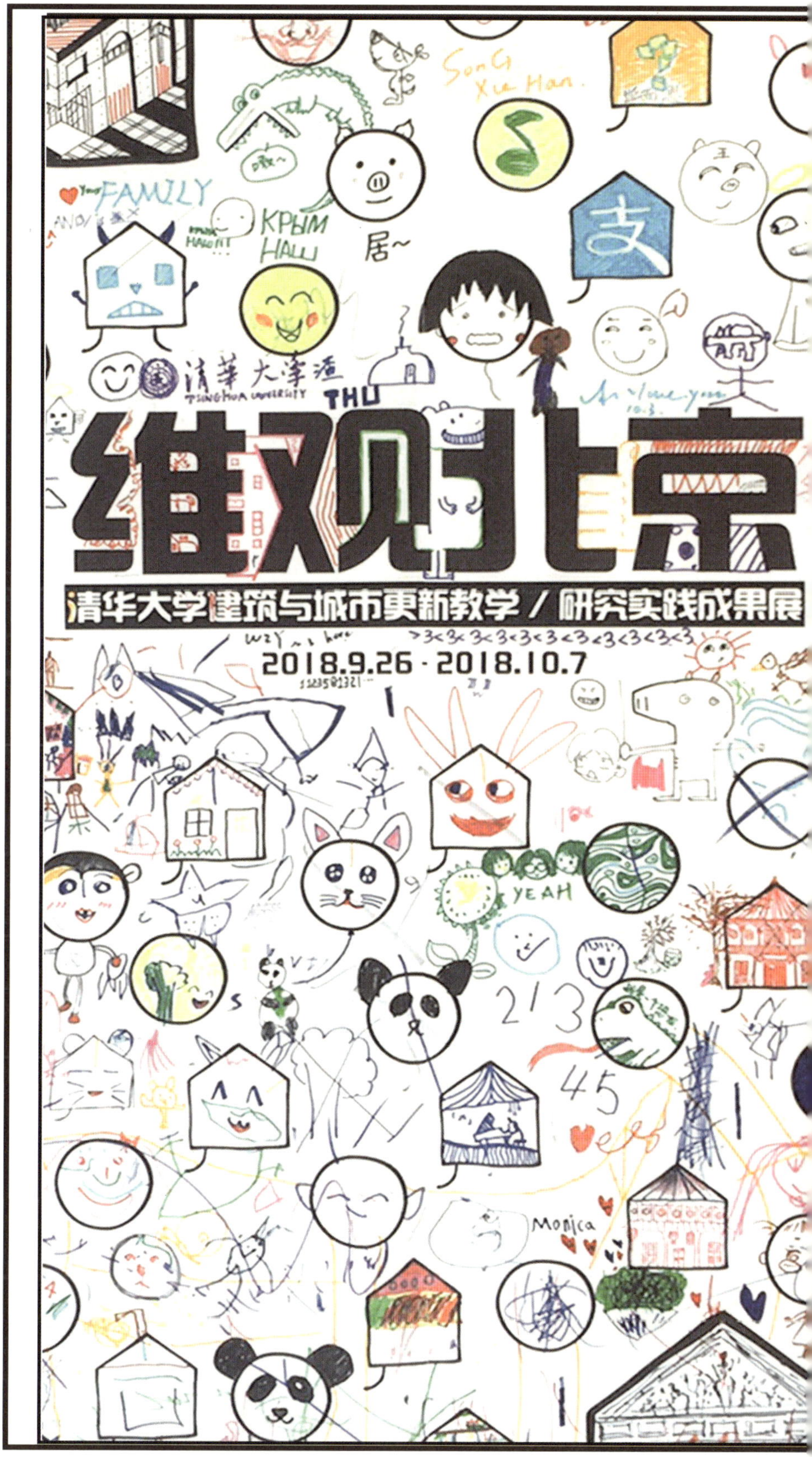

维观北京

清华大学建筑与城市更新教学/研究实践成果展

2018.9.26 - 2018.10.7

第

维

人物围观

第 6 维 | 互动反馈

居民在历史地图上找自己的家

邻居大爷每天带着孙儿们签到

邻居大爷现场“指点江山”

专家学者现场探讨设计实践

著名建筑师交流参观

公开课上的学生专心听讲

国际友人纷至沓来

志愿者完成了一天的志愿服务

设计团队合影留念

来自全国各地的**游客**

认真看展学习北京城市更新

并积极按照地图指示完成打卡任务

夕阳下

白塔与红旗交相辉映

胡同深处

隐藏着富有生命活力的绿色

小狗阿呆

还在静静地等待着它的主人

7

印象围观

第 7 维 | 感言寄语

第一次亲历从勘测地段到展览运行的策展全程，和以往的课程 STUDIO 比又是全新的体验。
不止在策展过程中，在展出期间值班也收获了很
我相信在胡同内举办维观北京的展览有着它独特的意义。
惊叹于小朋友们的想象力
虽然由于材料有限很多小朋友的房子要么没有厕所、要么全是厕所，但一点也没
欢迎围观，维观北京
很开心终于能
感觉这种一精细化的工作方式给我带来了极度舒适
像一个工匠一样将自
非常荣幸参与北京国际设计周的策展
这是生活的历史，也是历史的生活。
北纳
京米
回想起来，在这场名为“维观北京”的展览中，参观者从多个维度看到了这座城市的变迁和可能性
而我们也得以从更多维度重新审视了自己的学科与生活。
怀念记忆里儿时的四合院
赞一个
非常有意思的展，明年还要来

撒花~~~好玩有趣的展

这次和老师同学们一起做设计是非常愉快的经历 

到了很多面孔。愉快的经历！

着老北京的巨幅地图向子孙介绍自己曾经的住处，当游客对着胡同区实践项目的图纸细细阅读

热情，由此看来，建筑未来有希望啦！

在学院内积累的多年探索和成果便有了能够传递给大众的宝贵价值

训练所强调的“整体”“抽象”

焦到鸡毛蒜皮的细节——展示柜兼坐凳板材的搭接与安装、入口玻璃立方的表面质感把握与衔接工艺

记得程晓青老师亲手扫起的一片片落叶，记得让孩子们玩得不亦乐乎的手工坊和涂鸦墙。

还记得和大家一起布置展品的一个个深夜，记得同学们亲手组装的四十九个白色盒子

历史文化与胡同生活的共生之地，既承载着历史的悠悠积淀又散发着俗世的勃勃生机

我在这里生活了一辈子，看着一群群人搬走，但我不搬，我就喜欢这里
这种旧城更新模式很好，当下城市正需要这种方式
我觉得这个展很有
看着游客满手U胶是一种享受
一想到明清老北京地图上那些
后来才知道别人眼中的我做模型也是那个样子
从多个尺度看北京城真
这种面向公众的设计展很好，也搭建了学术与生活的桥梁
看着小朋友们天真烂漫地在手
初来乍到的外乡人，非常庆幸能有这么好的机会，多维度观察北京
我在地图上找了好久自己的家，最后才发现被拆了
非常
漫步在静谧的巷子里，怀念着小时候是一种幸福
给设计团队点赞
作为一个老北

突然觉得老北京触手可及
们这代年轻人对老北京都没什么印象了
后悔没拍下那几幅老北京地图
就有点心痛
常不同的感受，维观北京真的值得围观！
梦想的未来，突然好想回家
北纳
京米
超级喜欢！！！
院里看到这么接地气的设计展，实在亲切感人

致谢

本书凝聚着课题组师生们多年的学术研究和劳动结晶，呈现了清华建筑人对北京深沉的热爱和关心。感谢清华大学建筑学院对本项研究和展览活动的大力支持！感谢“白塔寺再生计划”展览主办单位的信任和帮助！感谢尹思谨、黄鹤、程晓喜和刘佳燕老师对本项研究和策展工作的鼎力支持！感谢季若辰、郭雨齐、吴艳珊、何潇、梁潇、郝奇、刘楚婷、刘倩君、苏程、李佳楠和马心远等同学在策展工作和活动期间的辛苦努力！感谢为本书出版付出心血的所有人！我们为了共同珍爱的这座城市而努力，为了建设更加美好的北京贡献力量！

说明：本书中未标明出处的图片均为著者提供